Irmgard Gierl   Pfaffenwinkler Trachtenbuch

Irmgard Gierl

Pfaffenwinkler Trachtenbuch

Kulturlandschaft und Tracht
in Weilheim, Murnau und Werdenfels

Anton H. Konrad Verlag

© 1971 Anton H. Konrad Verlag, 7912 Weißenhorn
Druckstöcke: Rasper + Pächter, Neu-Ulm, und A. Tausend, Augsburg
Herstellung: Süddeutsche Verlagsgesellschaft mbH., Ulm
ISBN 3 87437 079 8   Printed in Germany

Inhaltsverzeichnis

Die Trachten in den alten Landgerichten Weilheim, Murnau, Werdenfels im 17. und 18. Jahrhundert

Die Tracht in Murnau, Kohlgrub, Ammergau und in Weilheim im 19. Jahrhundert

Werdenfelser Tracht im 19. Jahrhundert

Zu diesem Buch

Die Geschichte der Tracht ist zugleich die Geschichte derer, die sie tragen. Unlösbar ist sie mit ihrer Wesensart verbunden, mit ihrer Wohlhabenheit und Armut, mit ihrer Arbeit und den Gaben der Natur, in der sie leben, mit den weitausstrahlenden Wirkungen von Handel und Kriegen.

Zu ihrer näheren Kenntnis gehören Quellen verschiedener Art. Sicherlich sind es vor allem Bilder, die uns Aufschluß zu geben vermögen, aber wie selten wurden besonders in früheren Jahrhunderten Bauerntrachten dargestellt! In größerem Maß ist das nur bei Votivbildern der Fall, deren unser süddeutscher Raum glücklicherweise so viele besitzt. Aber sind sie auch so verläßlich, um sie ernsthafter Forschung als Quelle zugrunde legen zu können? Diese Frage kann nur dann bejaht werden, wenn von einem Zeitabschnitt mehrere Votivbilder vorhanden sind. Ein Vergleich wird ergeben, welche trachtlichen Erscheinungen gesetzmäßig wiederkehren und welche nur vereinzelt dastehen. Bei der Menge unserer Bilder ist diese Gesetzmäßigkeit leicht feststellbar, sie ist die Grundlage der Forschung.

Es waren zwar nur einfache »Tafelmaler«, die sich diesem Kunstzweig zuwandten, aber so viel ergibt sich noch aus der heutigen bäuerlichen Einstellung, daß wenigstens die Kleidung wirklichkeitsgetreu wiedergegeben werden mußte, wenn dies schon mit den Gesichtern nicht gelang. War doch das Votivbild eine Dankesgabe des Stifters, der nicht irgendeine Gestalt, sondern sich selbst in der glücklich überstandenen Gefahr dargestellt wissen wollte. Um aber jeden Zweifel an der Vertrauenswürdigkeit der Votivbilder zu beseitigen, gibt es zwei Kontrollmöglichkeiten. Wenn eine besondere Eigenart, zum Beispiel rote Schuhsohlen oder eine Haubenform, an verschiedenen Orten öfter wiederkehrt, ist sie unbedingt ernst zu nehmen. Wenn aber diese Eigenart noch durch schriftliche Aufzeichnungen bezeugt wird, kann kein Zweifel mehr aufkommen.

Solche Schriftquellen über die Tracht finden wir in den Hinterlassenschaftsinventaren, in denen die unermüdlichen Schreiber früherer Jahrhunderte jede kleinste Einzelheit des Hauswesens und auch der Kleidung vermerkt haben, mit Zeugen, versteht sich, und im Auftrag des Gemeindevorstehers. Auch hier ist es der Vergleich von großen Inventarreihen, der über Einzelheiten in der Tracht, über deren Entwicklung, über Benennung und Verwendungszweck eindeutigen Aufschluß gibt. Das Ideal für die Trachtenforschung ist demnach eine große Anzahl von Hinterlassenschaftsinventaren, illustriert durch gesicherte Votivbilder. Darunter möchte ich solche Bilder zählen, die Herkunftsort und Jahreszahl vermerkt haben.

Dieser Idealfall wird nun freilich nicht immer erreichbar sein, aber die Unterschiede innerhalb eines Landgerichtes waren nie so groß, daß man nicht aus dem Material der Nachbarorte Schlüsse ziehen dürfte. Es ist darum wichtig, die Forschungsgebiete so abzuteilen, daß eine gewisse Einheitlichkeit gewährleistet ist, sie also nicht über völkische Grenzen hinweg auszudehnen.

Beim Lesen der Inventare ist das Augenmerk aber nicht nur auf den Inhalt der Truhen und Schränke zu richten, ebenso bedeutsam sind die Warenlisten der Krämer und Kürschner, der Nestler und Goldschmiede. Sie erbringen oft unschätzbare Aufschlüsse, die aus keiner anderen Quelle erlangt werden können.

Im 19. Jahrhundert beschäftigten sich mehrere Autoren mit der Bauerntracht: Hazzi, Lipowsky, Lentner, Dahn, Schrank. Ihr Nachteil ist, daß sie meist eine einzelne Erscheinung schildern, die ihnen zufällig vor Augen stand, und dabei nicht erwähnen, wie viele Variationsmöglichkeiten daneben noch existieren. Vielleicht rührt daher die allgemein eingewurzelte Meinung, daß Tracht etwas Uniformähnliches sei.

Auch hier erbringen die Hinterlassenschaftsinventare den Beweis, wie vielfältig die Kleidung war, sogar in solchen Zeiten, in denen wir anhand der Bildquellen wenig Differenzierung feststellen können, zum Beispiel im Zeitraum der spanischen Tracht. Unübertreffliche Quellen sind die Zeichnungen und Aquarelle des 19. Jahrhunderts, auf denen Bauerntrachten dargestellt werden, die Werke eines Quaglio, Neureuther, Heß, Enhuber, Heinzmann, Muggenthaler, Kobell. Die bürgerliche Tracht wurde in Bildnissen festgehalten, die sich jetzt in Museen oder auch in Familienbesitz finden, besonders zahlreich in Oberammergau von der Hand Zwinks. Daneben wirkte der Maler Alletsee aus Riegsee, der mit seiner Schwester als Faßmaler im Weilheimer Landgericht umherzog (18. Jahrhundert), der Maler eines Votivbildes in Kohlgrub, das mit »Jos. Ruetz 1792« signiert ist, und der Maler des Altarbildes in der Kappel bei Unterammergau, Bartholomäus Reiter (1618).

Wer aber darüber hinaus das Glück hat, mit alteingesessenen Bauern ins Gespräch zu kommen, dem wird sich eine reiche Quelle von Wissen erschließen, das oft noch über die Jahrhundertwende zurückreicht und jede Einzelheit dieses im Gefolge der Mode schwankenden Bildes nachzeichnet. Wie eindrucksvoll ist für die jüngere Generation die Begegnung mit diesem festgefügten Brauchtum, als jedes Kirchenfest in dem genau vorgeschriebenen Gewand gefeiert wurde, die »Frauentage« verschieden von den »hohen Feiertagen« oder gar vom »Antlaßpfinsta«, an dem man das beste Seidenkleid aus dem Kasten holte. Hier kann man noch die Benennung mancher Museumsstücke erfahren, die längst nicht mehr im Gebrauch sind, und zuletzt schlüpfen die Bäuerinnen selbst noch in die Tracht, um sich bestaunen und befragen zu lassen.

Im alten Weilheimer Landgericht ist der vorhin angedeutete Idealfall beinahe erreicht.

Von 1650 bis 1724 reichen die Inventare der Stadt Weilheim, von 1708 bis 1803, die

1 Johannes Zwinckh, Kraxebtrager von Murnau, wird bei Rain von Straßenräubern
überfallen. Mitte 18. Jahrhundert. Murnau, Pfarrkirche, Mirakelzyklus

der umliegenden Landgemeinden. Besonders stark ist dabei der östliche Bezirk vertreten, der die größten Eigenheiten in der Entwicklung aufweist. Was an Inventaren in Murnau und Werdenfels fehlt, wird dort durch reichen Museumsbestand oder hervorragende Kenner der Tracht, wie Frau Schedler Simmet, Margarethe Berger, und durch den Nachlaß des Silberschmiedes Anton Simon und seinen Hüter, Herrn Bernhart Roth, wettgemacht. Das wertvollste aber ist die Haltung all jener Bauern und Bäuerinnen, die in vollem Bewußtsein ihrer Andersartigkeit mitten im Ansturm des modernen Fremdenverkehrs die alte Tracht schätzen und heute noch tragen, die Begeisterung junger Plattler und Musikanten, die opfervolle Hingabe von Heimatpflegern und Trachtenvereinen, in deren Händen heute das Schicksal der Tracht liegt.

»Die Berge springen empor mit Firnweiß und Schluchtenblau und werden von Wäldern gefesselt, und die Wälder sinken zu Hügeln und dörfertragenden Hängen hinab. Vindelizien, einst: Grüne Hügel, Laubwald, Fichten zuhauf, Dörfer, Schlösser, barock und spitz behelmte Türme.« So schildert Hermann Stahl das Land zwischen Lech und Isar, den alten Huosigau. Im Vorland ruhen die großen Wasserflächen des Starnberger und Ammersees, näher am Gebirge glänzen Kochel-, Walchen- und Staffelsee, Reste der nacheiszeitlichen Seenlandschaft. Unzählbare kleine und kleinste Moränenseen liegen eingestreut zwischen den Hügelketten, manche zu sumpfigen Moorwiesen verlandet, andere, wie die Osterseen, in Gruppen zusammengefaßt.

Ruhevoll zieht die Loisach zwischen hohem Riedgras und niedrigen Erlen dahin, indes sich Ammer und Isar das Wilde und Urtümliche ihrer Herkunft bewahrt haben. Grünlich gischtet ihr Wasser zwischen Steinblöcken und leuchtendem Kies.

An Föhntagen blaut die Bergkette greifbar nahe, und davor dehnen sich weite Schotterfluren und Moränenhöhen, uraltes Siedelland, wie die Ortsnamen auf -ing, -ried, -hausen, -dorf, und -moos verraten. In diese seltene landschaftliche Schönheit, die in ihrem Wesen schon Teil des Gebirges ist, sind Bauerndörfer mit prächtigen alten Höfen eingebettet, beherrschende Kirchen mit kostbaren Meisterwerken, behäbige Städte mit breiten Marktplätzen —, bedeutsame Akzente in der Silhouette der Landschaft. Im Raum südlich von Weilheim bis Partenkirchen herrschen seit alters geschlossene Dorfschaften vor, ein Zeichen sehr alter Besiedlung. Parallel zu Flüssen und Bächen wurden in diesem Durchgangsland die Straßendörfer angelegt, bei denen die Straße älter ist als die Siedlung [1]. Denn das eigentliche Schicksal dieser Landschaft waren ihre Straßen.

Straßen

Noch ist der große Zug der Handelswege zu erkennen, die sich seit prähistorischer Zeit hier kreuzten, die Völkerstraße den Lech entlang, auf der Bronze nach Norden und Bernstein nach Italien befördert wurde, und die ostwestlich verlaufende Salzstraße von Rosenheim, Tölz, Bichl, Polling, Peißenberg nach Schongau. Nach dem

11

Einmarsch des römischen Heeres in Vindelizien unter Drusus (15 n. Chr.) begann der Bau der Via Claudia, die über Reschen- und Fernpaß am linken Lechufer nach Augsburg führte, dem römischen Hauptstützpunkt des Voralpenlandes. Über den Brennerpaß führte bis ins 3. Jahrhundert nur ein Saumpfad [2]. Erst 200 n. Chr. wurde er als eine verkürzte Parallelstraße zur Via Claudia ausgebaut. In unserer Gegend berührte sie Mittenwald, Partenkirchen, Oberau, Hechendorf, Murnau, Weilheim und führte über Wielenbach und Raisting nach Augsburg. Eine südlich des Ammersees verlaufende Alpenvorlandstraße verband Bregenz mit Salzburg, das auch auf einer nördlichen Verbindungsstrecke von Augsburg über Gauting, Grünwald und Kleinhelfendorf erreicht werden konnte. Die großen Kreuzungspunkte der römischen Straßen bei Epfach, Raisting und Gauting machten das Land zwischen Lech und Isar »zu einer Art von Drehscheibe, auf der Handelsverkehr und Truppenbewegungen nach jeder Richtung geleitet werden konnten« [3].

Handel und Gewerbe

Auch im Mittelalter war das Land zwischen Lech und Isar der Schnittpunkt eines Verkehrssystems, in dem mehrere große Rottstraßen nach Italien zogen. In Oberau traf die Straße aus Augsburg-Schongau, die wegen ihrer »gachen Berge« gefürchtet war, auf die Straße von München, Weilheim, Murnau. Gemeinsam zogen sie über Partenkirchen, Mittenwald, Seefeld, Zirl nach Innsbruck. 1628 beschreibt Philipp Hainhofer die »rauhen Weg«, auf denen dem Reisenden »auf den Landkutschen das Hirn aus dem Kopf und das Herz aus dem Leib fahren sollte«, so daß er selbst in Murnau ein Leihpferd mietete, weil er »das Fahren nit mehr ausstehen können«. Zwischen Partenkirchen und Mittenwald nahm man »die Steig hinauf Fürspann« [4]. Als 27 Jahre später (1655) Königin Christine von Schweden nach Innsbruck fuhr, wartete sie in Landsberg auf Kutschen des Münchner Hofes, mit denen die engen rauhen Bergstraßen befahren werden konnten [5]. Noch in Hazzis Bericht um 1800 werden die Gebirge als »äußerst rauh und wild« geschildert. »Vom lebhaften Eschenloh an wird das Tal immer enger und ängstliche Felswände schließen immer mehr die Loisach ein, bis man das tätige Oberau erblickt; hier teilt sich die Straße, eine läuft mit der Loisach nach Mittenwald zu, auf der andern geht es schauerlich mit Vorspann die Hochgebirge hinan« (Ettaler Berg).

12   Dies also waren die Straßen, auf denen der Güterverkehr nach Italien und dem

Norden passierte, wohlgeordnet durch das Rottwesen. In festgelegten Abständen nämlich waren Stapelplätze errichtet, an denen die Waren umgeladen und von den Fuhrleuten der nächsten Strecke übernommen wurden. Eine Anzahl von Bauern, die im Besitz von Rottlehensgütern waren, hatte allein die Berechtigung zu diesem Gütertransport, der »Ballenfahrt«. Die Umschlageplätze Seefeld, Mittenwald, Partenkirchen, Murnau und Weilheim kamen durch das Niederlagegeld zu Ansehen und Vermögen. Freilich rührt auch die leidenschaftliche Nachbarfeindschaft zwischen Partenkirchen und Garmisch, dem alten Germansgau, von den Streitigkeiten her, die »wegen Fuhr und Fertigung der Kaufmannschaft« seit Menschengedenken ausgefochten wurden. Noch heute ist ein Niederschlag davon in der Tracht zu finden. Mittenwald war durch lange Jahrhunderte der wichtigste Ort an der Rottstraße. Schon im 14. Jahrhundert zum Markt erhoben, nahm es seinen größten Aufschwung in den Jahren nach 1487, als der große Bozener Markt dorthin verlegt wurde. Aber schon 1407 war der Andrang der Kaufmannsgüter so stark, daß noch eine Rottfuhre mit Flößen auf der Isar eingerichtet werden mußte. 1492 hielt es Herzog Albrecht für nötig, eine neue Straße von München über Benediktbeuern nach Mittenwald anzulegen. Zwei Ballenhäuser an der Lände und im Markt Mittenwald bargen die Köstlichkeiten Italiens und der Levante: Gewürze, Seide, Südfrüchte, Öl und Wein. In langen Reihen standen die schwer beladenen Packwagen mit Fellen und Kupferdraht, mit Hosen und Tuchen aus den Rhein- und Niederlanden in den Straßen Mittenwalds, das sogar ein eigenes Ghetto besaß [6]. Das unwegsame Gebirge machte die Straße hier so sicher, daß nicht einmal herzogliches Geleit für die kostbaren Warenzüge notwendig war.

Der Dreißigjährige Krieg, eine neue Straße über den Fernstein und die Rückverlegung des Bozner Marktes nach Bozen (1679) brachte schwere Rückschläge für Mittenwald und das Rottwesen. Aber der Unternehmungsgeist, der sich durch den lebhaften Handelsverkehr gebildet hatte, fand nun ein anderes Feld. Die Fuhrleute suchten die Handelsstädte in Italien und Deutschland selbst auf, um Frachtgut zu erhalten. Das wird dem dortigen Völkchen wohl den Weg gewiesen haben zu dem Hausierhandel auf große Entfernungen nach Deutschland, Österreich, Böhmen, Ungarn, Schlesien, Polen, Rußland, Italien. Seit Mathias Klotz (geb. 1653) die Kunst des Geigenbaues in Mittenwald eingeführt hatte, wurden sogar Instrumente in Butten und Kasten verhausiert.

Ähnliche Formen nahm der Handel Oberammergaus an, das ebenfalls an der Rottstraße gelegen war [7]. Während die Mittenwalder sich neben dem Instrumentenbau auf Bortenwirkerei und Filetstrickereien verlegten, besaß Oberammergau schon 1563 eine Zunftordnung für seine Schnitzer. 1760 führte Andreas Lang auch die Glasmalerei ein. Ein Blick in das dortige Museum zeigt uns die Überfülle der Erzeugnisse: Hampelmänner und Wickeldocken, Steckenpferdchen und Karussels, aber auch Heiligenfiguren und Kruzifixe, Figuren in Elfenbein, Marmor und Alabaster, Wachsbossierarbeiten, Hinterglasbilder und Krippen.

Daneben gab es guten Verdienst auf der Rottstraße, für Handwerker und Künstler im nahen Kloster Ettal und für die Erzgesellen im Trauchgau, wo ein Hochofen stand. Wie kaum irgendwo in Altbayern gelang es diesem Dorf, sich auch über Notzeiten hinwegzuretten. Zu Beginn des 19. Jahrhunderts, wo anderwärts die Entwicklung stagnierte, mußte in Ammergau der Übervölkerung Einhalt geboten werden.

»Der Abt von Ettal und der Pfleger von Murnau gingen im Dorf umher und gaben Befehl, alle neuerbauten Behausungen abzuschaffen, die Öfen einzuschlagen und die Einwohner wegzuweisen. Wer nicht gutwillig ging, wurde mit Gewalt auf Wagen geschmiedet und nach Oberau geführt, wo ein Flößer, der mit Wetzsteinen nach Wien handelte, sie mit Weib und Kind nach Österreich führte, wo damals ›großer Leutmangel‹ herrschte.« [8]

Die Entwicklung in Weilheim und Murnau beschrieb 1756 Franziskus Gailler [9]: »Von hier aus wird mancherlei Handel getrieben. Nach ganz Bayern, Schwaben und in andere umliegende Gegenden geht eine ungeheure Menge von Kruzifixen, die in Murnau und seiner Umgebung geschnitzt, bemalt und verkauft werden. Weilheim gießt außerordentlich schöne Gegenstände aus Erz und Edelmetall. Künstliche Blumen aus diesem Landstrich (Murnau), die von Jahr zu Jahr in Form und Farbe vollendeter werden, stehen fast auf allen Altären, eine Freude für die ganze Gegend. Nicht das kleinste Federchen von Gänsen, Enten und Krähen lassen sie ungenützt zugrunde gehen.

Mit diesen kleinen Anfängen begründen sie zukünftige Handelsbeziehungen, die von weither vielerlei Waren ins Land bringen. Darunter machen einige Buchhändler aus dieser Gegend [Gastl, Murnau] in unserer Zeit in den größeren Städten gutes Geschäft. Eine andere Handelsgesellschaft hat ihren Sitz in Eschenlohe. Diese betreibt ausgedehnten Handel mit wertvollen Waren in die entlegensten Gegenden, sogar mit Spanien und dem dortigen königlichen Hof.

Außerdem besteht ein blühender Getreidehandel in Weilheim und Umgebung, besonders in Murnau. Der Weilheimer Getreidemarkt, der wöchentlich stattfindet, wird ständig bis vom Lechrain her besucht. Weil aber hierzulande große Mengen Braunbier gebraut werden, wird hier auch Gerste aufgekauft, sowohl von den nahen Klöstern, als auch von den Städten. Schließlich werden berühmte Viehmärkte in Weilheim, Murnau, Polling, Habach, St. Andreas, Sindelsdorf und anderswo abgehalten. Zahlreiche Pferde und Füllen werden überallhin nach Oberbayern und Schwaben verkauft, ebenso Mastochsen, Kälber, Schweine. Schließlich ist die Einwohnerzahl nach kirchlichen Schätzungen auf ungefähr 20 000 angestiegen.« Weilheim und Murnau waren aber nicht nur Durchgangsstationen, sondern Mittelpunkte eines bäuerlichen Umlandes, das bei den städtischen Handwerksmeistern, bei den Huterern und Lodenwebern, Säcklern und Färbern seinen Bedarf deckte. Die Werke der Weilheimer Maler und Bildhauer, Greither, Degler, Krumpper, Petel und Schmädl, gingen als »Weilheimer Stücklein« bis über die Grenzen Deutschlands hinaus.

An der Spitze aber standen die Wessobrunner Maurer und Stukkateure, die ein Jahrhundert lang mit der weitausstrahlenden Kraft des bayerischen Barock und Rokoko den europäischen Stil beherrschten [10]. Aber auch sie gingen als Nebenbeschäftigung dem Hausierhandel nach. Thassilo Zöpf, »Stukkator und Kramer«, wie es 1757 in den Kirchenbüchern heißt, handelte mit Oblaten [11]. Noch zu Beginn des 19. Jahrhunderts hausierten die Wessobrunner mit »Gipsherrgöttern« und auf dem Dachboden der Anastasiakapelle in Benediktbeuern fanden sich Teilstücke von gipsenen Anastasiatäfelchen, die wohl als Nebenerwerb hergestellt wurden [12]. »Gipsene Bildl« zählen die Weilheimer Nachlaßinventare schon 1698 auf.

Es ist charakteristisch für dieses alte Straßenland, daß nicht nur die großen Städte und Märkte Handel und Gewerbe trieben, sondern daß beinahe jedes kleine Dorf in irgendeiner Form daran teilnahm.

Oberau beutete seinen Gips-, Ohlstatt seine Wetzstein-, Joch und Unterau seine Marmorbrüche aus, die zu Kirchenbauten in der Umgebung Verwendung fanden (Tabernakel in Benediktbeuern). Die Wetzsteinmacherei von Unterammergau ist über 400 Jahre alt; Kleinweil erzeugte Schleifsteine, und in der Nähe von Aschau wurde eine Glashütte betrieben. Das Vorbild der Oberammergauer Schnitzer wirkte bis Uffing und Diessen. 1702 klagten »die Weilheimer Maler, Bildhauer und Kistler gegen die Söhne des Müllers Bernbacher, daß sie Rahmen machen, vergolden und dergleichen Arbeiten verfertigen, so sie zu Ammergau ersehen ... und daß sie auch Kruzifixe machen und malen« [13]. Die Hinterglasmalerei blühte in Seehausen, Murnau und Ammergau, die Raistinger verfertigten sog. »Vogelorgeln«, kleine Instrumente, mit denen man den Vögeln das Singen lernen wollte [14].

In Murnau färbte man Federn und fertigte daraus künstliche Blumen, die heute noch auf den Altären der Umgebung zu finden sind (Ramsachkirchlein). Man verwendete diese bunten Federn aber auch zu den sogenannten »Kronen«, hohen Ornamenten aus farbigem Papier, Federn und Silberflittern, die von Kranzlbinderinnen über ein Drahtgestell aufgebunden wurden. Sie standen oft in ganzen Reihen auf den Särgen von Kindern, unverheirateten Burschen und Mädchen und pflegten von den nächsten Verwandten besorgt zu werden [15].

Wie die Pfarrbücher ausweisen, handelten die Sindelsdorfer mit kleiner Eisenware und ließen sich oft in der Fremde nieder. Die Rottenbucher dagegen verfertigten die Otterfellmützen zur Frauentracht.

Allgemein verbreitet war die Bortenweberei. Die Augsburger Kaufleute belieferten damit die Landkrämer, deren Warenverzeichnisse eine unglaubliche Menge und Vielzahl von Bändern und Borten aufzählen. Aus Pähl, Polling, Peißenberg, Großweil und Weilheim zogen die »Bändlkramer« mit ihrer »kurzen War« zu den Ebersberger Märkten (1725/1731) [16].

Noch um 1800 berichtet Hazzi: »In einigen Häusern werden wirkene und wollene schmale Bänder (jene zu 1 und 2 Pf., diese zu 2 kr. die Elle) gewirkt und dann verhausiert. Da man nach vielen Versuchen vom Churf. Commerzcollegium kein Hausierpatent hat bewirken können (obschon Ungarer, Reitlinger, Tiroler und andere Ausländer mit churfürstlichen Patenten versehen, häufig im Lande herumlaufen, hausieren und die Landleute um ihr Geld prellen), so ergreifen die Bänderhändler den Weg des Bettels, der in Bayern jedermänniglich auch ohne churfürstliches Patent offen steht, nehmen für ihre Ware Geld, Werg, Wolle oder Flachs und betteln am Ende um ein Stück Brot oder um die Nachtherberge.

Die Weiber verfertigen fast alle die rupfenen Bänder, mit denen, so wie auch mit Hafnergeschirr, die Männer das ganze Land durchstreifen und betteln. Zu Utting, welches Dorf meistens aus Bettlern und Fischern besteht, werden die irdenen Herrgotte und die heiligen Geiste von Lumpen (wohl Papiermache) verfertigt, die kistenweise fort, besonders nach Salzburg kommen. In Diessen sind alle Einwohner arm, nährten sich ehedem vom Krachsentragen und jetzt vom Bilderkleiden.« [17]

Wenn die Männer »mit Hafnergeschirr das ganze Land durchstreifen und betteln«, wie Hazzi abfällig bemerkt, so setzen sie alte Tradition fort. Die Weilheimer Hinterlassenschaftsinventare zählen beim Tod des Hafners Stückl (1653 f. 39) die Kraxentrager vom Land auf, die dem Verstorbenen Summen zwischen 35 kr (wohl eine Traglast) und 4 fl, 20 kr schuldeten. Zwölf von ihnen stammten aus Reichling, zwei aus Kiensau, fünf aus Apfeldorf, je einer aus Machtlfing und Hofstetten. Auch 1660 und 1671 werden beim Tod von Hafnern unter den »Schulden herein«, dem heutigen »Haben«, die »Geschirrtrager vom Land« und »kleine Tröpflschulden« notiert. Ein Nadler von Weilheim († 1719) ließ seine Ware durch Diessener Kraxentrager verhausieren. Es scheint, daß ganze Dörfer diese Art von Handel betrieben haben.

Lentner beschreibt die Industrie zwischen Lech und Ammersee um 1846—50:

»Der geringe Ertrag des Bodens und seine Zersplitterung zwingen die Bewohner dieser Gegend, auf verschiedenartigen Erwerb zu denken, und so kam gerade dieser Bezirk zu einer eigentümlichen Industrie, wie wir sie in Oberbayern nirgends mehr vorfanden. Das Dorf Thaining stellt eine bedeutende Anzahl seiner männlichen

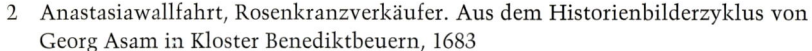

2 Anastasiawallfahrt, Rosenkranzverkäufer. Aus dem Historienbilderzyklus von
   Georg Asam in Kloster Benediktbeuern, 1683

Bewohner als Landkleinhändler. Diese Leute besitzen ein mageres Söldgut, dessen Bebauung sie im Sommer besorgen. Vom Oktober bis zur Osterzeit verlegen sie sich auf den verschiedenartigsten Kleinhandel, welchen sie in den entferntesten Gegenden des bayerischen Oberlandes und Allgäus und besonders in den inneren Strichen des Flachlandes betreiben, die dem Verkehr ferner liegen. Sie führen Steingutgeschirr und Ammergauer Holzwaren, besonders aber sogenannte Devotionalien, d. h. Rosenkränze, Heiligenbilder usw. Gewöhnlich machen sie Tauschgeschäfte und nehmen gegen ihre Waren altes Eisen und Kupfer, das sie wieder verkaufen. Die Armen ziehen ihren Kram in Karren nach, Bessere, die sich mehr auf den Besuch von Märkten beschränken, schicken ihre Warenkisten durch Fuhrleute. Sie betreiben ihr Geschäft in zwei Auszügen, vor und nach Weihnachten, um welche Zeit sie etwa zwei Tage zu Hause Rast halten. Der schlechteste Krämer soll von jeder solchen Fahrt mindestens 30—40 fl Gewinn nach Hause bringen.

Tiefer im Lande, in den Dörfern Ober- und Unterfinning, Hofstetten, Geratshausen und in neuerer Zeit auch in Thaining beschäftigt sich das Volk mit Strohgeflechten und deren Verschleiß.

Bereits seit mehr als 150 Jahren [also seit etwa 1700] haben die Hofstetter und Finninger sich dieser eigentümlichen Industrie zugewendet. Anfangs flocht man in rohester Form Bauernhüte, doch bereits seit mehr als 80 Jahren wurden durch betriebsame Geschäftsleute feinere Muster hereingebracht und nachgeahmt.

Zu Finning sitzt auf einem einfachen Bauernhaus die Handelsfamilie Matheis schon seit mehr als 100 Jahren, sie verschleißt die Waren, die in halbvergessenen Dörfern entstehen, nach Franken, Sachsen, an den Rhein bis Holland. Seit 80 Jahren haben sie ihr Lager und ihre Einkehr in der ›Reichskrone‹ zu Nürnberg. In Leipzig haben sie ebenfalls eine Niederlage, eine andere zu Köln. Zu Hofstetten besteht ebenfalls seit langer Zeit die Firma Egwolf und Comp., in Oberfinning gründeten vor einigen Jahren Wammersberger und Beck ein neues Geschäft.

Diese halbbäuerischen Kaufleute verlassen zu Mittfasten oder am Palmsonntag ihre Dörfer, reisen nach ihren Lagerplätzen und betreiben dort ihr Geschäft; dort erledigen und empfangen sie ihre Bestellungen, kassieren ihre Gelder ein und beziehen die Messen des gesamten Deutschlands.

Ein oder der Andere von ihnen bleibt auch draußen, um das ganze Jahr hindurch die Verbindung mit seinen Häusern zu unterhalten; die übrigen kommen am Ende September wieder heim, überwintern und besorgen die Anfertigung der Bestellungen und die Absendung derselben nach dem Lager. Nebenher betreiben sie die gewöhnliche Landkrämerei.

Haben sie sich durch Jahrzehnte endlich müde gearbeitet, so bleiben die Ältesten in Ruhe zu Hause sitzen, und irgendein Sohn oder Neffe übernimmt das Wandergeschäft. Es lautet seltsam in der Einsamkeit dieser ärmlichen Dörfer unter dem halbschwäbisch sprechenden Volke die alten Strohhändler bald sächsische, bald fränkische Mundart reden zu hören, die ihnen geläufiger geworden ist als die heimatliche.

In den Orten Finning und Hofstetten versteht sich beinahe jede Hand auf das Geschäft des Strohflechtens. Zumeist beschäftigen sich damit Kinder, alte Leute, sonst Arbeitsuntaugliche und Mädchen. Wenn letztere aber einmal an diese Arbeit gewöhnt sind, werden sie jeder andern häuslichen Tätigkeit entfremdet und sind später als Hausmütter wenig tauglich, neigen auch nicht selten zu eigentümlichen körperlichen Gebrechen, zum mindesten unterliegen sie einer gewissen Schwächlichkeit. Aber auch sonst benützt jedermann die freien Stunden, besonders die Winterabende zu diesem scheinbar wenig anstrengenden Geschäfte . . .

Hüte, Taschen, Tischplatten und dergleichen werden stückweise bezahlt, z. B. ein Hut nach der verschiedenen Qualität von 2 kr bis 3 fl. Das Stroh geben die Flechter selbst. Seit dem Jahre 1824 verflicht man auch feines italienisches Stroh nach Florentiner Art. Aus Italien und aus der Schweiz werden auch die Muster bezogen. Auch die ganz feine Ware kommt von daher. Am meisten Geschäfte werden gemacht mit den Taschen, ›Zegger‹ genannt, und den in bäuerischen Formen geflochtenen Hüten.« [18]

»Die dritte Art, welche der Erwerbsfleiß eingeschlagen hat, um zu ersetzen, was die Bebauung des Bodens versagt, gründet sich auf die religiösen Zustände Süddeutschlands, besonders aber des Bayerlandes.

Der Hauptgegenstand der geistlichen Warenmanufakturen zu Utting und Bayerdiessen sind die Rosenkränze in ihren zahllosen Abarten . . . Die Manufaktur liefert über 30 Sorten verschiedener Rosenkränze, dazu gehöriger Kreuze, Pfennige, Anhängsel, Zwischenringlein und dergleichen. Alle diese Gegenstände werden nach dem Gewicht verkauft. In dem hübschen . . . Hause des bäuerischen Fabrikanten [Joseph Resch zu Utting] arbeiten in hellen Stuben 2—3 Gießer und Graveure, 10—14 Buben von 10—16 Jahren und etliche Mädchen . . . Diese Kinder arbeiten alle nach der Schulzeit, im Winter bis 9 Uhr abends, im Sommer bis 7 oder 8 Uhr mit 5—12 kr Tagesverdienst.« Die Firma Adam Schweizer im Markt Bayerdiessen erzeugt »vor allem die Abzeichen der verschiedenen Wallfahrten, z. B. Altöttinger Frauerln, aus schwarzer Erde gemacht und in Zinn gefaßt, das Dorfener Frauerl, die sog. Glauben, Herzen, das Kolumbankreuz, Missionskreuz, Scheyrerkreuz, Ulrichskreuz, die sog. Leiden, d. h. die Marterwerkzeuge des Herrn, St. Sebastianspfeile gegen die Pest, St. Wolfgangsbeil, den Tuntenhauser Hl. Geist, das Weingartner hl. Blut, dann die Denkmünzen der Marienwallfahrten in Bayern, Österreich, Tyrol, ja selbst von Prag in Böhmen . . .«

Daneben verfertigte man in Diessen Kinderspielzeug geistlicher Art aus Zinn, die Gegenstände des katholischen Altardienstes, Täfelchen, Figuren, Herrgötter und Heilige aller Wallfahrten, »sowie die profanen Spielereien von kleinem Tafel- und Küchengeschirr, Wägelchen etc., nicht zu vergessen der sog. Lorettoglöckchen aus feinem Zinn, womit der bayerische Bauer bei anziehendem Gewitter sein ganzes Haus durchläutet und ebenso bei Todesfällen . . .«[19]

Der Vertrieb dieser Waren erfolgte durch zwei Diessener Firmen Schorner und Theininger), deren Rosenkranzhandel sich bis Italien und Spanien und nach Südamerika erstreckte. Klöster und Wallfahrten begünstigten seit 1700 die Herstellung dieser Devotionalien, und die alten Hausnamen »Herrlmacher, Kreuzlmacher« (Peißenberg) weisen darauf hin, daß die Hausindustrie von »geistlicher War« in weitem Umkreis betrieben wurde. In diese Sparte fällt auch der Handel mit »Büchern und Briefen«, den die »Brieftrager« aus Huglfing am Ebersberger Markt 1725 und 1727 betrieben. Sie hielten gemalte Andachtsbilder, Illuminationen und Spielkarten feil[20].

Daß der Devotionalienhandel schon sehr früh in den Händen von umherziehenden Händlern lag und in engstem Zusammenhang mit dem Wallfahrtswesen stand, bezeugt eine Szene in Georg Asams »Anastasiawallfahrt«, eines der 1682/83 gemalten Historienbilder im Kloster Benediktbeuern. Auf einem Tisch mit fransenbesetzter Decke hat der Verkäufer, der sich durch sein Halstuch von den umherstehenden Bauern als weitgereister Mann unterscheidet, größere Stiche und Rosenkränze ausgebreitet. Eine Frau im Vordergrund hält ein gerahmtes Bild in der Hand, indes sich der Handel mit einem ernsten Mann in Pilgermantel und weitem Hut, der einen Bußgürtel aufhebt, in die Länge zu ziehen scheint. Mit Kennerblick betrachtet sein Nachbar die Schnalle eines verzierten Gürtels. Eine reiche Auswahl an Rosenkränzen hängt an einem Brett, das am schmäleren Tischende aufgestellt ist. Inzwischen nützt der Knabe die Gelegenheit, unbemerkt einen Griff nach der Korbflasche zu tun, die der strenge Vater in einer Strohtasche mit sich führt.

Daneben finden wir die Schachtel- und Kampelmacher, die Pechler und Aschenbrenner, Weber und Gerber, Färber und Zeugdrucker, Hammer- und Kugelschmiede (in Diessen und Wengen 1579), Papier- und Schleifmühlen.

Weniger geschäftstüchtig waren die Dörfer an der unteren Loisach, wo um 1800 »die Leute ihren Unterhalt meistens mit der Floßfahrt auf der Loisach nach München suchen, wo bloß Holz, Kohlen und Schneidwaren verführt werden« (Hazzi). Als Kurfürst Max Emanuel nach Beendigung des spanischen Erbfolgekrieges den Bau der Schlösser Nymphenburg und Schleißheim begann, wurde das Baumaterial aus den Wäldern an der oberen Loisach nach München geflößt. Um die Fahrt durch den Kochelsee abzukürzen, wurde von Großweil ein Kanal angelegt, der den fischreichen Rohrsee nördlich des Kochelsees bedrohte[21].

So war also ein ganzes Netz kleinerer und größerer Hausindustrien über das ganze Gebiet gezogen, die den geringen Bodenertrag wettmachen sollten, sicher aber auch in der Wesensart des Volkes begründet waren. Geschicklichkeit und künstlerische Begabung ist dem Altbayern wohl in die Wiege gelegt. Aber kaufmännisches Denken und Unternehmungsgeist sondern die Bevölkerung zwischen Isar und Lech deutlich von ihren östlichen Nachbarn ab, die sich zwar auf den Vieh- und geringen Hausierhandel verlegten, sonst aber vorwiegend nur ihrer Wirtschaft nachgingen. Die Mannigfaltigkeit der Handelsbeziehungen und die Möglichkeit in bescheidenem Umfang daran teilzunehmen, hat das Land zwischen Isar und Lech zu Wohlstand gebracht, den Bauern schon früh aus der Stille seiner ländlichen Arbeit herausgelockt, sein Blickfeld erweitert und den Sinn für Gewerbe und Kaufmannschaft geweckt. Damit unterschied sich die Bevölkerung dieses Landstriches vom übrigen bayerischen Volk, das »etwas unfreundlich und eigensinnig« war, »weil es nicht oft hinauskommt, sich gern daheim hält, wenig Hantierung treibt und fremde Länder ungern aufsucht«, wie Johannes Thurmair um die Zeit Luthers geschrieben hat.

Tragfähigkeit und Dauer eines Staates wird nicht vom Handel, sondern von seiner Sicherheit und Stärke begründet. Darum lag die Hauptbedeutung der Straßen auf militärischem Gebiet. Seit der Römerzeit zogen die Heere darüber hin. Machthunger und Glaubenseifer führten die mittelalterlichen Ritter zu Kaiserkrönungen und Kreuzzügen. Die Alpenpässe, damals schon kein Hindernis mehr, waren von höchster strategischer Bedeutung, die Sicherung der Rückzugsstraßen ein Gebot der Klugheit. Nicht Burgen und feste Städte hatten diese Aufgabe nördlich der Alpen zu erfüllen, sondern Klöster.

Meist in unbewohnten Gebieten angelegt, kultivierten diese Klöster das dünn besiedelte Land, Sippenklöster, wie Benediktbeuern (739), Schlehdorf, Kochel (um 740) und Staffelsee [22], oder St. Jakob in Polling (um 750) und Scharnitz (763). Überwältigend ist die Frömmigkeit dieser tassilonischen Generation, ungeahnt die Entfaltung der benediktinischen Kultur, die bis heute fortwirkt. Aber neben dem Ausbau des Landes, der Gründung von Schulen, dem Aufblühen der Künste verrät ihr Standort eine weitere Aufgabe der Monasterien: Hüter der Heerstraßen zu sein im Dienst von Kaiser und Reich. Noch 1330 gründete Kaiser Ludwig die Abtei Ettal nahe der Stelle, an welcher die beiden Straßen von Augsburg und München zusammenstoßen, um über Partenkirchen nach Innsbruck zu führen.

Zum »geistlichen Land« wurde der Huosigau im Investiturstreit, als die verschiedenen Adelsgeschlechter, die Welfen und Andechser, in der Gründung von Chorherrenstiften und Klöstern wetteiferten. Nun entstanden Rottenbuch (1073) und Steingaden (1147), Diessen (1120) und Andechs (1455), Habach (1085), Beuerberg und Bernried (beide 1120). Zählt man dazu noch das Kloster der Franziskaner in Weilheim (1639), die Hieronymiten am Walchensee (1688) und die Klausner in Weilheim, Murnau, Huglfing und Raisting, so scheint der Name »Pfaffenwinkel« für diese Sakrallandschaft gerechtfertigt.

Ungeheuer war die Wirkung der geistigen Kräfte, die mit den Klöstern in dieses Land einströmten, Anregung und Auftrag, Förderung der einfachen Landhandwerker und Vorbild reifer Meister europäischen Ranges. Und wieder waren es die Straßen, auf denen die Vorstöße in neue künstlerische Bezirke erfolgten, auf denen der junge Weilheimer Krumpper um 1590 als fertiger »Kunstvirtuose« aus Italien zurückkehrte, Georg Asam den italienischen Barock nach Benediktbeuern brachte, die Augsburger Stiche über das ganze Land verbreitet wurden und Möbel-, Hinterglas- und Hausmalerei beeinflußten.

Feindliche Einfälle

Wo sich aber das Land nach allen Seiten hin öffnet, da ist es auch feindlichen Einfällen preisgegeben, Raub und Brandstiftung ausgesetzt und hat die Quartierlasten der eigenen und fremden Truppen zu tragen. Seine Straßen werden ihm nun zum Verderben. Das Schicksal Mittenwalds und Murnaus, die durch Brände schweren Schaden litten, ist ein beredtes Zeugnis dafür. Noch erinnert die schmale »Schweden-insel« bei Aidenried, im schilfversteckten, klüftigen Ammerufer an die Schrecken des Dreißigjährigen Krieges, noch hängt die Schwedenkugel im Kirchturm zu Andechs. In zwei Wellen 1632—34 und 1646—48 fegte der Krieg über dieses Land hin, das die Bauernkriege ein Jahrhundert vorher nicht berührt hatten. »Die Dörfer wurden verlassen und die Wälder bewohnt«, schreibt Abt Friesenegger von Andechs. »Da wurde allenthalben mit unerschwinglichen Brandschatzungen, mit Brennen und Morden übel gehauset, da ward keines Gutes, keiner Ehre, auch des Lebens nicht geschont.« Nicht nur schwedische, auch bayerische und elsässische Truppen nahmen das Wenige mit, das die Bauern besaßen, drangsalierten die Bevölkerung, so daß man nicht wußte, »ob Freund oder Feind mehr zu fürchten sei«. Dem strengen Winter des Jahres 1632/33 folgte eine Mißernte und im Sommer 1634, einge-schleppt durch das spanische Kriegsvolk, die Pest. »Vor dem Gifthauch der Seuche, dem Hunger und Elend flohen die Einwohner in die Wälder, und wenn sie sich hier nicht mehr sicher genug fühlten, ins Gebirge — umsonst. Mit Grasbüscheln im Munde lagen die Leute haufenweise im Freien, der Mensch floh vor dem Menschen.« Höfe und Sölden standen verlassen, Disteln und Unkraut nahmen überhand, das Wild vermehrte sich und Wildschweine verwüsteten die angebauten Felder Rudel von Wölfen raubten manches Stück des übrig gebliebenen Viehes [23].

Doch kaum hatte sich das Land von den Auswirkungen des Dreißigjährigen Krieges erholt, als der Spanische Erbfolgekrieg (1701—1713) das Werdenfelser Land bis Murnau wieder zum Schauplatz der Kriegsgreuel machte. Der Tiroler Landsturm verfolgte 1703 den fliehenden Kurfürsten Max Emanuel nach Bayern, wurde zwar am Walchensee aufgehalten, aber flutete dafür über Partenkirchen gegen Murnau, das am 28. August in Flammen aufging. Unter den Verteidigern der Oberauer Schanze stand der berühmte Weilheimer Bildhauer Ignaz Degler, der in seinem »Handregister« Aufschluß über das Schicksal seiner engeren Heimat gibt [24]. Ein altes Mittenwalder Kinderlied bewahrt die unheimliche Stimmung jener Zeit:

> Weber gump, gump,
> Der Kaiser schlagt umb
> Mit Händ und mit Füß,
> Mit rostige Spieß.
> Hat d' Fenster eingschlagn,
> Hat's Blei davon tragn,
> Hat Kugeln draus gossen,
> Hat d' Bauern derschossen [25].

Im Mai 1705 wurde München »kaiserliche Hauptstadt«; schwer lastete der Druck der österreichischen Gewaltherrschaft auf Bayern.

Dies ist der Hintergrund, auf dem sich das Schicksal des »Jägeradams« von Mittenwald abspielte, der 1694 ein Votivbild auf den Heuwinkel bei Iffeldorf stiftete. Auf diesem Bild ist er in Jägertracht abgebildet. Gegen seinen Willen diente Adam Schöttl dem bayerischen Kurfürsten 1704 als Kundschafter und Führer beim Einfall in die Leutasch, mußte deswegen beim Einmarsch der Österreicher in Mittenwald sein ganzes Vermögen zurücklassen und mit seiner Familie zehn Jahre in Flucht und Elend leben. Als eine der treibenden Kräfte des Bauernaufstandes marschierte er Weihnachten 1705 gegen München und konnte dem Gemetzel bei Sendling entkommen. Nach der Rückkehr Max Emanuels wurde er 1715 mit dem Forstamt Höhenkirchen bei München für seine Verluste entschädigt. Dort starb er 1727 [26].

Hundert Jahre später — Bayern war als Rheinbundstaat mit Napoleon verbündet — rückte ein französisches Armeekorps mit Marschall Ney an der Spitze über Partenkirchen gegen Scharnitz, das durch Schanzen versperrt war. Diesmal war es der

Forstmeister von Partenkirchen, Joseph Wepfer, der die Franzosen 1805 an einem schmalen Steig am Fuß des Nordabsturzes des Wettersteins aus dem bayerischen Werdenfels in die tirolische Leutasch wies, wodurch Tirol in wenigen Tagen genommen werden konnte [27]. Durch den Frieden von Preßburg war Tirol 1805 an Bayern gekommen, im Frühjahr 1809 flammte der Krieg gegen die bayerischen Bedrücker auf. Unter Andreas Hofer und Joseph Speckbacher erstürmten die Tiroler Bauern Innsbruck und rückten dann, von Mangel an Lebensmitteln getrieben, gegen Mittenwald, das gründlich ausgeraubt wurde. Einzelne Bauernhaufen streiften bis Murnau und in die Gegend von Wolfratshausen [28].

Wieder wendete sich das Kriegsglück. Kaum vier Wochen nach der Niederlage der Bayern eroberten Wrede und Deroy das ganze Inntal zurück, die Bayern nahmen grausame Rache und hausten barbarisch in Tirol. Aber kaum war die Division Wrede aus Innsbruck abgerückt, lebte der Kampf wieder auf, fielen die Tiroler wiederum in Bayern ein und zogen 1809 mit gewaltiger Heeresmacht über Mittenwald nach Murnau. Zwar wurde im gleichen Jahr der Waffenstillstand von Znaim geschlossen, aber die Tiroler Freischaren waren ausdrücklich davon ausgenommen, so daß neuerdings das Werdenfelser Land bis Murnau der Schauplatz blutiger Gefechte und schonungsloser Raubzüge wurde. Noch lange lebte der Haß aus der Zeit der Tirolerkriege fort und mit ihm das Schimpfwort »Truller« (Tiroler).

Rechtliche Verhältnisse

Seit der Mitte des 13. Jahrhunderts hatten die Wittelsbacher im Land zwischen Isar und Lech die Erbschaft von Welfen, Andechsern und Staufern angetreten. Freilich wurde ihre Herrschaft oftmals unterbrochen durch grundherrschaftliche Niedergerichte und seit 1330 durch den Hochgerichtsbezirk des Klosters Ettal mit seinen Besitzungen im Ammergau, Murnau und um den Staffelsee. Nicht weniger als 113 verschiedene Grundherrschaften zählte man 1689 im Landgericht Weilheim. Aber auch der Rest befand sich nicht in den Händen des Churfürsten, sondern war an Klöster und Adel vergeben, so daß nur 5 Prozent der Güter wittelsbachisch waren. Der Hauptanteil am Grundbesitz lag in den Händen der alten Klöster, die ihn durch Schenkungen und im 14.–16. Jahrhundert durch Kauf erworben hatten, als die Bauern in die aufstrebenden Städte zogen [29].

Nur das Werdenfelser Land mit Garmisch, Partenkirchen und Mittenwald war nicht wittelsbachisch; es gehörte als Grafschaft Werdenfels seit 1294 den Freisinger Bischöfen. Das »Landl«, wie es sich nannte, genoß noch bis ins 19. Jahrhundert hinein mittelalterliche Freiheiten, etwa das Holz- und Jagdrecht in weitem Umfang. So bildete sich ein ausgeprägtes Selbstgefühl gegenüber dem »Boarland« jenseits des Bergriegels, der das Hochtal von der Weite des Murnauer Moores scheidet. Aber nicht die Bauernarbeit, sondern die Rottstraße, die von Partenkirchen nach Mittenwald führte, bildete den Haupterwerb des Tales, zugleich aber auch den Grund einer uralten, leidenschaftlichen Zwietracht zwischen Partenkirchen und Garmisch, das, eine halbe Wegstunde von der Rottstraße entfernt, nur wenig Teil an ihren Erträgnissen hatte. Nahe der Autostraße liegt die Ruine der Burg Werdenfels versteckt auf einer bewaldeten Höhe, eine Erinnerung an die fürstbischöfliche Zeit, die 1802 zu Ende ging.

Die Trachten in den alten Landgerichten
Weilheim, Murnau, Werdenfels
im 17. und 18. Jahrhundert

Tracht im Gericht Weilheim

Frühe Nachrichten über die Burschentracht um Weilheim finden sich in den Tanzliedern des seit 1468 in Weilheim amtierenden Pflegers, Land- und Stadtrichters Hanns Hesseloher. Eines der fünf erhaltenen Lieder beginnt mit einer Klage über den scheidenden Sommer:

> Der sumer will von hynen,
> die zeit hat sich gereckt,
> der Winter ist auffgeweckt.

Jetzt kommen die Bauernmädchen in den Spinnstuben zusammen. Der Bauernbursch schleicht ums Haus, um seine Liebste zu erspähen. Zu seiner geschmitzten (geschwärzten) Lederhose und dem breiten Bauernhut hat er sich einen modischen langen Rittermantel umgehängt, dazu trägt er enge Schnallenschuhe, wie die Ritter, und eine Zottelkappe.

Bei einem Kirchtag in Pähl wird der vom Herrn Landrichter selbst geschaffene Tanz, der »Hesseloher«, gesprungen, und er kann es sich nicht versagen, dabei zu sein. Aber zwei Mädchen in grünem Kleid und langen Ärmeln mit aufgebundenem Zopf geben ihm zu seinem Ärger einen Korb.

In seinem letzten Lied, seit langem »die Bauernschlacht« genannt, sieht er eine flinke Magd in hübschem Gewand mit einem Kranze, die sich mit einem Bauern umherdreht, der in einem Panzer steckt. Bald entzweit sich dieser mit seinem Widerpart, und eine Rauferei setzt ein, die beim Bader und Amtmann endet.

Der Reichtum mancher Bauern kommt in diesen Liedern zum Ausdruck, die sich in Kleidung und Waffen das Rittertum zum Vorbild nahmen, das zu dieser Zeit bereits verarmt und bedeutungslos war. Freilich ernteten sie nur den Spott und die Verachtung der Adeligen, wie er in den Liedern des Hesselohers deutlich zum Ausdruck kommt.

Wenige Jahrzehnte vorher, zwischen 1434 und 1450, hat Gabriel Angler auf der Tafel des Pollinger Kreuzaltares (im Besitz der Bayerischen Staatsgemäldesammlungen) einen grabenden Bauern dargestellt. Der sorgfältig genähte graue Rock reicht fast bis zum Knie, er ist um die Mitte gegürtet und springt in mehrere Falten auf. Der runde Ausschnitt wird mit kleinen Knöpfen verschlossen. Deutlich sichtbar sind weiße, aus Stoff geschnittene Beinlinge und schwarze Schuhe.

Eine der ältesten Trachtendarstellungen findet sich auf den Resten des Mirakel-

zyklus in Polling, der auf den Pfeilern der Kirche zu sehen ist. Eine Karfreitags-
prozession ist noch so gut erhalten, daß Einzelheiten der Tracht zu erkennen sind.
In der Mitte des Bildes schreiten drei Männer mit Fahne und Fackeln in knielangen,
faltenreichen Röcken, die ohne Knöpfe, wohl mit Haftlen verschlossen wurden.
Um den Hals legt sich eine kleine spanische Krause, die runde Krempe des niederen
Hutes ist nach unten gebogen. Die niederen Schuhe bedecken gerade noch den
Knöchel. Lange rote Bänder über den Achseln und an den Ärmeln gehörten wohl
zur Bruderschaftstracht. Ihnen folgen Büßer in weißen, bodenlangen Gewändern,
die ein großes Kreuz tragen, die »Kreuzzieher oder Kreuzschlepper«. Ihr Kopf ist
mit einer weißen Gugel verhüllt, wie bei den vorausziehenden Flagellanten, die
sich öffentlich geißeln. Das Kleidungsstück, das sie dabei tragen, ähnelt einem
Trägerrock. Das Rückteil konnte herabgeklappt werden, damit der Rücken entblößt
werde, den sie mit Ruten schlugen, bis das Blut floß. In der anderen Hand hielten
sie den Rosenkranz [31].
Diese frühe Darstellung einer Karfreitagsprozession (um 1605) ist in unserem Gebiet
einmalig und hinterläßt auf uns denselben unheimlich-seltsamen Eindruck, der
schon damals viele Neugierige angelockt hat.
In unveränderter Form begegnen wir diesen Gugelmänteln eineinhalb Jahrhunderte
später wieder in Murnau, wo die Leichen während einer Seuche von so gekleideten
Männern weggetragen werden.
Den ernsten Liebreiz zweier Kindergestalten, die mit einem Korb voll Hennen
in die Kappel nach Unterammergau gewallfahrtet sind, hat Bartholomäus Reiter
1618 auf dem Bild des südlichen Seitenaltares festgehalten. Was dort reizvolles Detail,
gibt uns hochinteressante Aufschlüsse über die Tracht zu Beginn des 17. Jahrhunderts.
Zum roten langen Mädchenkleid — wir finden es auch in den vorausgehenden
Jahrhunderten [32] — kontrastieren die weißen Hemdärmel und eine schmale gefäl-
telte Halskrause. Das Haar ist rückwärts in Zöpfe geflochten und mit einem schwarzen Band über der Stirn bekränzt.
Rot ist auch die kurze Hose des Knaben, welche die Knie freiläßt. Dazu trägt er
ein dunkelblaues Wams mit weißer Halskrause, auf dem an einer dünnen Silberkette allerlei Amulette sichtbar werden und eine braune Kappe mit zwei Federn.
In der Hand hält er ein Sträußchen mit künstlichen Blumen in einer grünen Ro-
sette.
Durch die folgenden Jahrhunderte zieht sich dieses Rot der Kindertracht, sei es
am Mieder der Mädchen oder beim Gewand der Buben: 1746 Murnau, rote Hose;
1763 Murnau, roter Rock; 1855 Froschhausen, rote Joppe.
Den Weilheimer Stadtschreibern haben wir die Kenntnis der Weilheimer Tracht

zwischen 1650 und 1724 zu danken, wie sie in dieser Genauigkeit kaum zu erhoffen war. Als verantwortlichen Beauftragten eines löblichen Magistrates fiel ihnen die Aufgabe zu, bei Todesfällen die gesamte Hinterlassenschaft zu inventarisieren. In dicke Folianten wurden Grundstücke und »Varnuß« (Fahrnis) mit schwungvoller Handschrift in der Reihenfolge der Todesfälle eingetragen, insgesamt 142 [33].

Wir lernen die Ratschreiber als gewissenhafte Männer kennen, die in unerbittlicher Pflichttreue die Silberknöpfe im Lederbeutel zählen und jede halbe Elle Tuch abmessen, die in einem alten Kasten verborgen lag. Außerordentlich knapp und sachlich, aber höchst anschaulich breiten sie wie in einem Bilderbuch die kleine Welt des damaligen Weilheim vor uns aus: das reichgefüllte Gewölbe des Handelsmannes, die weiträumigen Häuser der Bierbräuer, die Werkstätten von Silberschmieden, Hafnern und Badern mit allem Handwerkszeug, die armseligen Stuben der Fuhrknechte und Bauern und nicht zuletzt die Kleidung des Verstorbenen. So genau und farbig ist diese Aufzeichnung, daß Männer wie Kaspar Feichtmeier, der Erbauer der Benediktbeurer Klosterkirche († 16. 11. 1704), vor uns aufstehen, wie sie leibten und lebten, im alten, grauen, tüchenen Rock, ledernen Bundhosen, einem rottüchenen Leibl und einem mit Fuchs gefütterten Mannspelz.

In diesem Zeitraum können wir die Tracht bis ins Kleinste verfolgen. Es klafft keine Lücke, keine Unvollständigkeit stört das Bild, und daneben ergänzt eine Fülle von Kleinzügen unsere Kenntnis des damaligen Lebens. Dieses große, einheitliche Material aus einem Zeitabschnitt, in dem die Tracht über weite Landstriche hinweg einheitlich war, ist so einzigartig und wertvoll, daß es eingehender Besprechungen bedarf. Es umfaßt noch die Zeit der spanischen Tracht und leitet über zum französischen Stil des 18. Jahrhunderts, erstreckt sich also über zwei große Etappen der Trachtengeschichte. Von einem Unterschied zwischen Weilheim und Werdenfels ist um diese Zeit noch keine Rede. Die Differenzierung bildet sich in der zweiten Hälfte des 18. Jahrhunderts heraus, um zu Beginn des 19. ihren Höhepunkt zu erreichen. Aber auch hier wird nicht die große Linie der Tracht betroffen sondern Kleinigkeiten, wie etwa die Höhe der Pelzhauben, die Form des Karsettelschnittes oder Nuancen in der Farbenwahl.

Ausschlaggebender war die Richtung, woher die Tracht beeinflußt wurde. In Weilheim und Murnau war es die große Zahl der reichen Marktbürger, Handelsleute, Handwerker und Bierbräuer, denen ihr Reichtum gestattete, die bürgerliche Kleidung mit ihrem besseren Material und ihrer feineren Ausarbeitung samt dem Schmuck zu übernehmen. Die Bauern blieben zwar, gezwungen durch die Kleiderordnungen, immer in einfacherem Rahmen, versuchten aber doch, es dem bürgerlichen Vorbild nachzutun. In Werdenfels aber ist noch heute eine gewisse Eigenständigkeit zu

beobachten, hervorgerufen durch die jahrhundertelange Unabhängigkeit vom herzog-

lichen Bayern. Die Nähe Tirols und die ständige Verbindung damit durch das Rottwesen hat in Werdenfels viele alpenländische Trachtenformen hervorgerufen und
bis heute bewahrt.

Männertracht

nach den Hinterlassenschaftsinventaren von 1650–1724

Hose

Das Kleidermandat vom 4. September 1604 verbot die engen Bauernhosen »mit
den bishero gebräuchlichen Paurnläzen«. Die vorgeschriebenen »ballotischen Hosen«
sollten für den Kriegsdienst tauglich sein. Seit 1600 hatte Kurfürst Maximilian die
Bauern in den Landfahnen militärisch ausgebildet. Votivbilder in Bauerbach und
Polling (um 1605) zeigen ziemlich weite Bauernhosen. Das Pestbild in Bichl, das
wohl Elias Greither zugeschrieben werden darf (1634), läßt bei einer aufgeschlagenen
Hose das rote Futter sehen. Mit schwarzen Bändern wird sie unterm Knie festgebunden. Während Stoff- und Lederhose bis 1700 etwa im gleichen Verhältnis
in Benützung sind, beginnt von diesem Zeitpunkt an die Lederhose auffallend zu
überwiegen, man könnte beinahe von einer Verdrängung der Stoffhose sprechen.
In manchen Fällen war es sichtlich die Armut, die den Bauern zu einer zeugenen
Hose greifen ließ. Stoffhosen aus einfachem Material dienten als Arbeitskleidung
neben der »ledernen Feiertagshose«. In diesem Zeitraum war der Besitz von zwei,
höchstens drei Hosen das Übliche.

Lederhose
Material   pockheiten, hirschen, wildhäuten, schaffellen
Farbe   schwarz, braun

Stoffhose
Material   tuchen, wurschet (1687), kronaschen (1695), barchet (1700),
Farbe   rupfen (1686)
                  grau (1651–1700), schwarz (1671–1697), braun (1671–1707),
                  blau (1656–1665)

Besonderheiten   Ein Bierbrauer läßt 1716 seine kronaschene Hose mit Silberborten
                  verzieren. 1683 verkauft ein Krämer 15 Ellen Hosenbändel.

»Mannskleider«

Die stattlichen Männergestalten auf den Votivbildern stehen in der ersten Hälfte des 17. Jahrhunderts ausschließlich in schwarzer Kleidung vor uns. Die Inventare zeigen, daß in der zweiten Hälfte des Jahrhunderts die Braut- und Festtracht schwarz, die Alltagskleidung daneben auch gelb, weiß und grau war. Das Mannskleid bestand aus Hose und Wams, wohl immer aus demselben Material:

Leder	neunmal (1651—1670)
Stoff	siebenmal (1651—1684) schwarz und (1674) einmal grau.

1684 wird es einmal mit Silberknöpfen erwähnt, 1670 heißt es »schwarz ledernes Brautgewand«.

Das Wams, 1651—1701 genannt, in den Jahren 1672—1685 auch Leib bezeichnet, ist gearbeitet aus

Leder	gelb oder schwarz	zwanzigmal (1652—1685)
Stoff	schwarz	fünfundzwanzigmal (1651—1685)
	weiß barchet, tüchen	fünfmal (1681—1704)
	mit Silberknöpfen	viermal (1673—1701)

Zur Bekleidung von Hals oder Oberkörper erscheint einmal der Ledergoller (1668).

Mannsrock, Leibhemmet

Der knielange Rock, der rückwärts in weiten Falten aufsprang, besaß keinen Kragen, da die weiße Halskrause, später ein weißer runder Kragen darüber getragen wurde.
Bis um 1700 war er in den Farben grau und braun gleich häufig, wobei grau sicher schon vor 1651 üblich war, während braun erst seit 1683 erwähnt wird. Von 1700 an überwiegt braun. Die »Kirchenröcke«, bei denen keine Farbe vermerkt ist, werden wohl schwarz gewesen sein. Blau tritt sehr selten (viermal), rot und weiß nur beim Leibhemmet 1665 auf. Röcke, die mit Fuchspelz gefüttert sind, werden seit 1685 zehnmal erwähnt.
Material: tüchen, wollen, kronaschen, wirchen.

Leibl

Die außerordentlich große Zahl von 83 roten neben 14 weißen Leibln legt die Vermutung nahe, daß die Weilheimer auch schon in früherer Zeit ein rotes Leibl unter dem schwarzen spanischen Wams getragen haben, und daß es sich dabei um

ein altes, bäuerliches Kleidungsstück handelte, von dem man sich auch bei wechselnden Modeströmungen nicht trennen wollte.
Material: tüchen, wollen, barchet, sammet (1700).

1699 verrät uns ein Inventar, daß sich am Leibl bei zwei Dutzend silberne Knöpfe befanden. Das kann nur auf einem langen Kleidungsstück der Fall gewesen sein, und tatsächlich spricht man 1712 von einem »rot tüchenen Camisol oder Leibl«. Während seit 1655 der Name Leibl benützt wird, tritt in Weilheim das »Kamisol« erst 1712 auf. Es ist ein kürzerer Rock, der als Haus-, Arbeits- und Reisekleidung diente. Im Lauf der Zeit wurde er immer mehr verkürzt, bis um 1780 die Weste, das »Gilet«, seine Stelle einnimmt. Es ist nun nicht mehr ausschließlich rot, sondern auch blau, braun und schwarz, seit 1691 besitzt es Silberknöpfe, seit 1722 Silberborten.
Unterm Leibl wurde der Brustfleck getragen, auch er meist rot, (elfmal) seit 1692, seltener weiß (1698). Er war geknöpft, manchmal silberverbrämt und meist aus Tuch. Ein Inventar von 1702 nennt in der Reihenfolge des Tragens: Brustfleck, Kamisol, Rock, Mantel.

Mantel (Kirchenmantel)

Die große Zahl der Mäntel beweist, daß dieses Kleidungsstück unabdingbar zur Männertracht gehörte, wohl zum Kirchgang vorgeschrieben war. Deshalb findet sich auch im Besitz des Ärmsten immer ein Mantel. Die überwiegend schwarze Farbe weist auf Kirchen- und Festtracht, wie denn auch 1700 ein »schwarzer Brautmantel« aufgeführt wird. Im nächsten Jahrhundert sollte sich das ändern. Bei den Bauern waren später Mäntel eine ganz seltene Ausnahme, an ihre Stelle rückte der Rock. Die Städter trugen den Mantel noch bei hochfeierlichen Anlässen.

Farbe	schwarz	135mal
	grau (tristenin)	44mal
	braun	zehnmal seit 1668
	blau	fünfmal seit 1700
Material	tüchen, wollen, auch mit schwarzem Samtkragen	

Verschlüsse und Knöpfe

Das Inventar des Nadlers Mathias Weber von Weilheim (1719) gibt erschöpfenden

Aufschluß über die Verschlüsse der einzelnen Kleidungsstücke. Es zählt auf:

2500 Joppenhäftl

4000 Hemmethaftl

1975 Gollerhäftl

1100 Schnürhaken (für die Frauenmieder) und

33 Pfund Messing- und 66 Pfund Eisendraht.

Sie verraten uns, aus welchem Material diese Hafteln gemacht waren.

Nebenbei sei noch erwähnt, daß auch 5 Dutzend Fingerhüte, 5 Schlüsselketten und 1000 »Ringl« beim Nestler zu haben waren.

Für feierliche Anlässe verwendete man an Mantel, Rock, Kamisol, Leibl, Hemd und Brustfleck Silberknöpfe, vor allem am Brautrock (seit 1700). Oft waren die »Brautknöpfe« Geldstücke, an die Ringlein genietet waren. Man steckte sie durch einen Einschnitt in den Stoff und zog eine Lederschnur durch. In Lederbeuteln aufbewahrt, gehören diese Silberknöpfe zum »Silbergeschmeid« und werden oft erwähnt. (»30 glatte Knöpf in einem Beutel« 1651). Nicht nur Rock-, auch »Hemmedknöpflein« (1722) waren aus Silber, wie denn der Silberschmied 1671 »allerlei Knöpf« hinterläßt. Es gibt aber auch

»falsche Silberknöpf« (1651, 1685)

Messingknöpf (1717, 1723)

Zinnknöpfe (1697, 1719)

Kragen   »Mannskrägen«

Die spanische Tracht verlangte den Mühlsteinkragen, der in den Inventaren auch »dicker Kragen« genannt wird. Über seine Form (gefältelt oder glatt) geben die Votivbilder Aufschluß. Die Bauern trugen durchweg schmale, dicht gefaltete Kragen. Die Anzahl, die im Besitz eines Mannes ist, gibt Aufschluß über die Häufigkeit ihrer Benützung:

bis 1700	zwischen 2 und 12 Kragen
ab 1700	zwischen 1 und 6 Kragen
1717 und 1722	je 4 Kragen

Der niederländische glatte Kragen heißt in Weilheim Überschlag, wird aber nur ein einziges Mal erwähnt (1670).

Halsflor

Aus Italien kam die Mode, statt des weißen Kragens ein schwarzes Halstuch aus Seide oder Baumwolle umzubinden. In Weilheim war es schon früh (1699) zu

3

3   Grabender Bauer, aus dem Pollinger Kreuzaltar von Gabriel Angler (1434–1450).
    München, Bayerische Staatsgemäldesammlungen

4   Karfreitagsprozession. Freskofragment aus einem Mirakelzyklus in der Klosterkirche
    Polling, um 1605

5   Junges Paar. Ausschnitt aus einem Seitenaltarbild von Bartholomäus Reiter 1618.
    Unterammergau, Kappel

MARTIVS.

6 Der Frühling. Ölbild an der Decke des Alten Festsaals in Kloster Benediktbeuern,
von Amort d. Ä. (1612–1675)

7–8 Weilheimer Familien in spanischer Tracht, Anfang 17. Jahrhundert.
Weilheim, Friedhofskirche

9   Der Sommer. Ölbild an der Decke des Alten Festsaals in Kloster Benediktbeuern,
    von Amort d. Ä. (1612–1675)

10 Votivbild des Adam Schöttl, Oberjäger von Mittenwald 1694. Heuwinkel in Iffeldorf

11
Votivbild
Benediktbeuern
1709

Anno 1746 grasierte in einem alhiesigen Marckt ein feybie und ansteckende higige Kranckheit, also zwar das vom 25 Feb: biß auf dem 9 Mai nebst P: T: Herrn
Sebastian Los H: Pfarrer, und H: Stephan Schwaiger Cooperator: 37 Versonen von der leydtigen Sucht auf gerieben, wir auch Vatter und Mueter
auf einem Tag bede in ein grab seint beygesezt worden. ein wohl weiser Magisterat wie auch eine samentliche löbliche Burgerschaft so dan in disen ihlen Zu

12   Leichenzug während einer »leydtigen Sucht« 1746. Murnau, Pfarrkirche, Mirakelzyklus

13–14 Krippe von Johann Baptist Wenzel 1721. Ausgesägte und bemalte Einzelfiguren:
Jäger, Hirt, Wirt, Frauen in Schnürmieder und Leibl. Weilheim, Museum

15   Maria Agatha Bessenbacher, Murnauer Bürgersfrau, dankt für Hilfe, 1763.
Murnau, Pfarrkirche, Mirakelzyklus

16   Das Töchterlein des Wirtes zu Uffing, Michael Bayerlacher, droht an einem verschluckten
      Petschierring zu ersticken, 1764. Murnau, Pfarrkirche, Mirakelzyklus

Franc: Xaveri Raüſcher. hatt daß Unglück. daß Ihme ſein 5 Jahr altes Söhnlein 2 gaden hoch auß einem ſteinen
vor der Thür ligenden ſteinern andritt. mit dem Kopff herabgeſtürzt: da aber diſem Kündt nicht daß mindſte leids
wider fahren: ia gar nicht ein mahl an einem Theil oder glidt deß Leibs beſchädiget worden: ſo haben mithin deſen Eltern
diſe groſe Gnad der Schmerzhafften Gnaden Müetter: mit einer H: lob Meß Opfer in Stock vnd gegenwört-
iger Votie Tafel auß dan wolbreiſten Herzen zü er kennen wollen: den .17 Aug: 1766

17 Das Söhnlein von Franz Xaver Rauscher stürzt auf einen steinernen Antritt und bleibt
    unverletzt, 1766. Murnau, Pfarrkirche, Mirakelzyklus
18 Weilheimer Bürgertracht, 18. Jahrhundert. Bruderschaftsbild von 1737.
    Hohenpeißenberg, Wallfahrtskirche

Recordabor foderis mei Uobiscum gen.9.v.15.
Ich will gedencken an meinen bund der zwischen mir vud Euch ist.

OBLAT. 1737.   RENOV 1831.

19 Der Müller zu Mühlhagen mit seiner Frau in blauer Müllertracht.
Murnau, Pfarrkirche, Mirakelzyklus

20
Frau mit Pelzhaube.
Votivbild,
frühes 18. Jahrhundert.
Murnau,
Pfarrkirche

21
Handwerker, bekleidet mit
»Sturz«, Berufstracht
18. Jahrhundert

22
Festtracht Mitte
18. Jahrhundert.
Votivbild 1749.
Kohlgrub, Rochuskapelle

23 Bürger und Bauern. Votivbild 1759. Weilheim, Stadtpfarrkirche

finden, während auf dem Markt zu Ebersberg erst 1724 italienische Florhändler aus Venedig auftauchten.

Daneben gab es zwischen 1699 und 1721 weiße »Halsbinden«, seit 1700 weiß leinene Halstücher (15mal).

Strümpfe

Überraschend ist die Vielfalt der Strümpfe, an Farbe und Material.

Farbe			
	blau	23	seit 1697 häufiger
	braun	16	seit 1698 häufiger
	grün	15	seit 1697 häufiger
	grau	14	während des ganzen Zeitraumes
	schwarz	10	meist zwischen 1674 und 1698
	silberfarben	9	seit 1700 häufiger
	rot	3	1674, 1690, 1692
	nelkenbraun —		
	tüchen	2	1670, 1681
	»gefärbt«	2	1670, 1699
	weiß tüchen	1	1711
	goldfarben	1	1684
Material	ledern	7	während des ganzen Zeitraumes
	wollen	16	während des ganzen Zeitraumes
	gestrickt	15	während des ganzen Zeitraumes
	leinen	22	während des ganzen Zeitraumes
	halbseiden	13	1685—1722
	baumwollen	9	1670—1711
	seiden	2	1693, 1702
	härben	1	1691
	rupfen	1	1686
	zwirn	1	1686
	leinen gestrickt	1	1705
	pelzen	2	1704, 1707
	gestampft	1	1700

Mehrere Male wird zwischen Sommer- und Winterstrümpfen unterschieden. Letztere heißen auch Socken. »Ein Paar Socken oder Winterstrumpf« 1704, »alte Strumpf-socken« 1712, »blaue Socken« 1697.

Besonderer Beliebtheit erfreuten sich die Hamburger Strümpf (seit 1676), die gestrickt
waren.

grau	1697, 1700, 1701
rot	1681, 1701
blau	1701, 1705
braun	1702, 1712
silberfarben	1692, 1699
grün	1687
gelb	1723

Bernhard Rieß, ein Handelsmann in Weilheim, hält 1681 folgende Strumpfsorten
auf Lager:

2 Dutzend Bozner Strümpf	20 fl
10 Dutzend weiße Passauer Strümpf	40 fl
3 Dutzend böhmische Socken	27 fl
8 Dutzend baumwollene Weiberstrümpf	32 fl
3 Dutzend weiß-rote Kinderstrümpfel	3 fl
5 Dutzend Hamburger Strümpf	70 fl

1717 fanden sich 18 Paar englisch rote Strümpfe,
1716 ein »schwarz Paar silberbeschlagene Kniebänder«.

Hut

»Um 1570 wurde von allen Ständen der spanische steife Filzhut [34] in Benutzung
genommen, er zeigte eine nach oben hin spitzer werdende Kopfform und kam in
Deutschland sowohl mit schmaler als auch mit breiter Krempe bei Hoch und Niedrig
in Verwendung. Daneben wurde, fast ebenso allgemein, ein aus Frankreich gekom-
mener Hut mit niedrigem, abgerundetem Kopf und breiter, waagerecht abstehender
oder nach unten herabgezogener Krempe getragen.« [35]
Die Weilheimer Bürger scheinen die niederen Hüte bevorzugt zu haben, denn nur
dreimal wird der hohe Hut erwähnt: 1681, 1685, 1701. Die überwiegende Mehrzahl der 130 aufgeführten Hüte war schwarz, doch gab es Ausnahmen:

grau	1	1665
weiß	1	1671
blau	2	1719

1681 bietet der Kramer 1 Dutzend Piramenth-Hüt zu 6 fl an,
1683 führt er 15 Ellen Hutschnur, ebenso 1699.

Daß es auch wertvolle Hutschnüre gab, beweist das Inventar des Weilheimer Goldschmiedes, der zwei Hutschnüre aus Silber hinterließ.

Haube

Die meisten der aufgeführten 26 Hauben werden Winterhauben aus Fuchs- oder Marderpelz, aber auch pelzgefütterte und gestrickte schwarze Hauben gewesen sein. Seit 1686 sind Pelzhauben ausdrücklich genannt. Daneben benützte man gerne lederne oder grüntüchene (1717) Kappen oder »Häubl«.
1723 hinterließ ein Kürschner 30 verschiedene Felle von Fuchs, Marder, Iltis und Otter, sowie eineinhalb Zentner Haar, das er wohl bei der Anfertigung von Pelzhauben benötigte (Bd. 1707—24).

Hemden

Zahl und Material der Hemden wechselten nach dem Vermögen des Besitzers zwischen zwei und zwölf, wobei die unterste Grenze nur sehr selten erreicht wird. Leinene Hemden für Feiertage, rupfene zur Arbeit sind das allgemein Übliche. Der Verschluß des Hemdes durch zwei Hemdknöpfchen, die mit einem Kettchen verbunden unterhalb des Kragens in zwei Knopflöchern stecken, wird erst seit 1722 bezeugt, der Goldschmied verkauft sie schon 1671. Für einfache Leute werden statt der silbernen zinnene hergestellt (1723).

Verschiedenes

Von jeher hatte man versucht, sich gegen die Kälte durch Pelzkleidung zu schützen. Solche wärmenden Hüllen sind der »Leibpelz« und der »Schliefer« aus Fuchs- oder Otterfell (1724), lederne und fuchspelzene Handschuhe (1685—1723) und als Zeichen höchster Eleganz lederne Handschuhe mit schwarzen Fransen (1693, 1705). Der Weilheimer Krämer führt ein halb Dutzend lederne Handschuhe (1681).
Grün gefütterte Nachtjangger (1681), »silber portierte« Hosenträger (1717 Bierbräuer) und der »Fürfleck« (Schaber) zur Arbeit gehören ebenfalls zum Männergewand.
Von welcher Farbe die Schuhe waren, verrät das »kleine Fäßl gelbe Schuhfarb (1681)« im Keller des Krämers, das Votivbild von Adam Schöttl in Heuwinkel bestätigt dies und zeigt, daß Sohlen und Absätze von leuchtendem Rot waren. Im 18. Jahrhundert werden sie mit Messing-, Zinn- oder Silberschnallen verziert.

Waffen

Die Unsicherheit der Zeit macht es notwendig, daß der Weilheimer Bürger eine Waffe im Haus hat, sei es Hirschfänger und Hellebarde, ein Zielrohr samt Pulverflasche (1680), ein Paar Pistolen, ein Reiterdegen samt dem Wehrgehäng (1652). 100 Jahre später besitzt ein Jäger in der Jachenau »drei Flinten, eine Birsch Büchs, ein Terzerol, zwei Pulver Fläscheln, drei Schrotbeutel«. Beim Weilheimer Krämer konnte man 1681 Karabinerriemen und lange Wehrgehänge zu 2 fl 40 kr kaufen.

Frauenkleidung (1650-1724)

Rock

Erstaunlich ist die Vielfalt von Farbe und Material am Frauenrock.

Farbe		
schwarz	26 mal	1651—1723
grün	11 mal	1658—1693
rot, purpur	11 mal	1658—1723
blau	9 mal	1658—1723
gelb, goldfarben	3 mal	1651, 1671, 1674
braun	4 mal	1712—1723

Darüber hinaus: taubenfarben 1686, tristininfarben 1681, veiglblau 1699, grün und goldfarben 1686.

Material		
zeugen	12 mal	1651—1712
wollen	7 mal	1658—1734
cardissen	7 mal	1684—1723
wurschet	6 mal	1701—1723
tüchen	4 mal	1661—1686

Darüber hinaus: schamelot 1651, perpetuanen 1658, moire 1684, taffet 1701, halbseiden 1715.

Zu Hause trug man 1670 »ein schwarzes Hausröckl aus Atlas«. Die Röcke waren fußlang und sehr weit, Rückwirkungen der spanischen Mode.
Hier ist der Unterschied zu den schwarzen Frauengestalten auf den Votivbildern besonders auffallend.

Mieder »Mürder« — Wams »Wämisl« (1681—1715)

Das Mieder war in der zweiten Hälfte des 17. Jahrhunderts ein Obergewand. Dies bestätigen die Inventare. Nur so ist die Bezeichnung »schwarz, mit Pelz gefüttertes Mieder« zu verstehen (1667). Dafür spricht auch die Farbe:
schwarz zehnmal (1651—1686), grün viermal (1674—1723) und vereinzelt rot und blau. Das Material stimmt mit dem der Feiertagsröcke überein: seiden, wurschet, tüchen, kardischen, kronäschern. Bei reichen Frauen wird es mit Borten (1658), Spitzen (1715), Silber (1723) verziert, geblümte Mieder gibt es 1686.
Ein Eintrag von 1684 spricht von einem »schwarz kardisch Weiberwams oder Mieder«. Beide sind also identisch.

Schnürmieder

Streng getrennt vom »Mieder« als Obergewand wurde das »Schnürmieder« 1658—1719. Die Hauptfarben bis 1674 waren grün und rot, nach 1674 vorwiegend rot, selten mit Silber verbrämt (1671, 1674). Das Material war fast immer Zeug.
Eine reiche Dame trägt 1674 ein »ledernes Schnürmieder« in der Art eines Corsetts.

Brustfleck

Unter der Verschnürung des Schnürmieders (Woll- oder Seidenschnur), lag der Brustfleck, der im Zeitraum von 1683—1715 vorwiegend weiß, einmal grün baumwollen ist. Es wird noch keinerlei Wert auf eine kostbare Ausstattung des Brustflecks gelegt.

Brüstl   »Prißtl«

Seit 1675 taucht dieser Name auf, der in einem Inventar als »Pristl oder Leibl« näher erklärt wird. Das »pelzene, braun kardischene Pristl« von 1699 zeigt deutlich: es handelt sich um ein Übergewand. Die vorwiegend dunklen Farben, schwarz und braun sowie das Material: tüchen, wollen, kronaschen, pelzen, lassen darüber keine Zweifel aufkommen.

Goller

Vor allem in der Kirche mußte ein Goller aus weißem Leinen oder bunt bedrucktem Pers den bloßen Halsausschnitt bedecken. Er ähnelte einem rechteckigen Kragen mit rundem Ausschnitt und vorderem Schluß, seine Ränder waren mit Spitze verziert. Sehr selten (1674) ist von einem »Ärmelgoller« die Rede, gewöhnlich erschien er ärmellos. Er wurde unter der Achsel mit Bändern festgebunden, später zog man eine silberne Kette durch vier Ringe, die an den Ecken des Gollers angenäht waren und beschwerte die Kettenenden mit einem Anhängsel. Je nach dem sozialen Leistungsvermögen besaßen die Frauen zwischen drei und zwölf Goller. Die Notburgamädchen im Alpachtal benützen ihn heute noch.

Halskittel

Schmeller definiert ihn als »Oberhemdchen von Schleyer oder weißer, gewöhnlich blaugestärkter Leinwand mit Spitzen, das die Mädchen um Hals und Brust anziehen, ist vom Goller unter anderem verschieden, daß dieser keine Ärmel hat« (Schmeller I/1311). Er ist also eine weiße Bluse. Der Ausdruck »Halskittel« wird 1693 erstmalig verwendet. Die Anzahl schwankt zwischen 3 und 16. Da er oft neben dem Hemd erwähnt wird, können die beiden Begriffe keinesfalls gleichgesetzt werden.

Hemd

Das weiße Ärmelhemd war härben oder rupfen, wobei das Oberteil oft aus besserem Gewebe hergestellt wurde. Im Besitz der Frauen befanden sich drei bis zuweilen zwanzig Hemden.

Schürze   »Fürtuch«

In den Inventaren werden Feiertags- und Werktagsschürzen geschieden.

Feiertagsschürzen
Material   tüchen, kronäschen (1723), kardisch (1712), kardisch mit Spitze (1674),
            wurschet (1683), taffet (1723), wollen (1723), rotsamt (1715), leinen (1671).
Unzweideutig geht aus den Inventaren hervor, daß bei der Feiertagstracht Rock, Wams und Fürtuch oft in der gleichen Farbe und dem gleichen Material waren. Das ist der Grund, warum man auf älteren Votivbildern keine Schürze entdecken kann [36].

Werktagsschürzen
Material	härben	9 mal	1658—1723
	rupfen	3 mal	1660—1674

Farbe ist bei den beiden Schürzenarten gleich:

schwarz	17 mal	1658–1723
blau	16 mal	1651–1723
weiß	4 mal	1661–1719

Zu letzteren müssen sicher die meisten Werktagsschürzen gezählt werden, die ohne Farbangabe aufgezeichnet wurden.

Die Votivbilder zeigen, daß die Schürzen schmal, faltig und bodenlang waren, gleich den Röcken. Das Schurzband ist nicht zu sehen. Die zwei Spitzen, in denen das Wams vorn endet, liegen auf der Schürze und sind gut sichtbar.

Frauenmantel

Bis 1702 gibt es kaum ein Inventar, in dem das »Mäntele« nicht erscheint. Diese Verkleinerungsform sagt, daß es sich um die Kurzform des spanischen Mantels handelt, die etwa bis zur Körpermitte herabreichte. Auf einem Votivbild in der Friedhofskirche in Weilheim wird eine ältere Frau mit langem, faltigem Mantel dargestellt (Anfang 17. Jahrhundert), wie er im Mittelalter gebräuchlich war.

Das Mäntele war immer schwarz, denn es gehörte zur Kirchentracht. Material: tüchen, wurschet, pelzen (1652, 1684), gefüttert (1683, 1684). Daß die beiden letzteren nicht identisch sind, beweist ein Eintrag von 1684: »ein pelzenes und ein gefüttertes Mäntele«. Wer etwas auf sich hielt, trug einen Mantel mit »wurschet« oder »samt Überschlag« (1674, 1694). Die reiche Bierbräuin zeigte sich 1651 mit einem »seiden-zeugenen Mäntele mit Silberborten und Pelzwerk unterfüttert«. Unter »Überschlag« versteht man einen handbreiten Umschlag der Vorderkanten, wobei das Futter sichtbar wird, nach »wallonischer oder schwedischer Art«.

Das »alte rote Leibhemmet« (1658) entspricht wohl dem gleichen Kleidungsstück in der Männertracht und ist als Überjacke anzusprechen.

Beim allgemein üblichen Schwitzbad benötigte man einen »Badmantel« (1693) und mehrere »Badtücher« (1694, 1712).

Schliefer, Leibpelz

Wie die Männer benützten auch die Frauen vor allem in der zweiten Hälfte des 17. Jahrhunderts ein wärmendes, pelzgefüttertes Übergewand mit »schwarz wurste-nem« Außenstoff. Auch ein »Nachtjangger« (1684) konnte pelzgefüttert sein.

Handschuhe

Baumwollene (1693) und weiße Handschuhe (1685) mit samtenen Handstützeln (1715) waren recht selten.

Schuhe

Der Ausdruck »Balgschuhe« (1667) weist auf Pelzschuhe, die von den »niederen Schuhen« (1667) unterschieden werden. Pantoffel wurden von Männern und Frauen getragen (1667), aber kaum erwähnt, wie sich überhaupt nur sehr wenig Angaben über Schuhwerk in den Inventaren finden.

Kragen

Wie bei den Männern ist die Entwicklung von der spanischen Halskrause, dem »dicken Kragen« (1651, 1681) zu den »einfachen Krägen« (1651—1723) zu verfolgen, die auf der Schulter aufliegen und vorn abgerundet sind. Die große Zahl der in Benutzung stehenden Krägen deutet auf die ständige Verwendung (13—24 Stück!).
Erstaunlich ist die Langlebigkeit dieser alten Kragenformen, noch 1712 findet sich eine Halskrause, 1723 ein Weiberkragen. Im gleichen Jahr (1723) erscheint das »halbseidene Halstüchel«, das sich bis heute gehalten hat, und »ein schwarzer Weiberflor mit kleiner silberner Schnalle«, der Vorläufer unserer heutigen Halsketten.
So ist in dem Zeitraum, den die Inventare umschließen, die Entwicklung vom Kragen zum Halstuch eng zusammengedrängt und deutlich greifbar.

Strümpfe

Weniger vielfältig als bei den Männerstrümpfen variieren die Farben zwischen

rot	viermal	1658, 1723, (2) 1681
weiß	dreimal	1681, 1712, 1723

Material Wolle gestrickt; baumwollene gestrickte Winterstrümpf 1701, Leinenstrümpfe 1712.

Frauenstrümpfe werden selten mit näheren Angaben versehen, deshalb ist das Material hier sehr spärlich.

Frauenhaube (Weiberhaube)

Auf den Votivbildern sind die Haare immer mit einer weißen Haube bedeckt, auch dann, wenn ein Hut benützt wird [37]. In den Inventaren erscheint das Schleierhäubel oder der Schleier, von dem 1—18 Stück, groß und klein (1651), im Besitz einer Frau waren. Schleier konnte man beim Krämer meterweise kaufen. Ein älterer Begriff, der nur zweimal auftaucht (1670, 1674), ist »Hauptentuch«. Zedler (Universallexikon, Bd. 35 Sp. 148) schreibt; daß der Schleier, ein dünnes weißes Gewebe »bei den Trauren und öffentlichen Leichenbegängnissen« diente, wo sich die Damen in dergleichen weiße glatte Schleier einkleiden ließen. Ähnlich schildert der Weilheimer Prediger Christoph Selhamer (1684—86 dort tätig) die Trauerkleidung der Weilheimer: (Trag. I. 478) [38] »wie gantz schwarz die Mannsbilder / ganz weiß und abscheulich die Weibsbilder / nicht viel anderst als gräußliche Nacht-Gspenster«. Vielleicht erinnerte sich der Schreiber an die »Schlayr-Weiblein« im Raistinger Moor, von denen Gailler erzählt, daß sie »weiß gekleidet und verschleiert« den verspäteten Wanderer in die Irre führten. Diese Trauertracht führte in Weilheim auch den Namen »Fächl« (1683) oder »Klagfächl« 1670.

Der »beste Schleier« diente auch als Votivgabe (Tuntenhausen 1616).
Seit 1693 werden neben den weißen auch farbige Hauben aufgezählt. 1715 besaß eine reiche Bierbräuin folgende Hauben: eine schwarz samtene Haube, eine schwarze Winterhaube, eine Modihaube, ein schwarz samtenes Stirnhäubel und drei weiße Stirnbinden. Solche Stirnbinden sind aber auch eine Eigenart der Mädchen, die sie zu ihren rückwärts herabhängenden Zöpfen umbinden. Pelzhauben wurden während des ganzen Zeitraumes getragen. Die Nähe Schwabens und die damit verbundenen Heiratsmöglichkeiten und Handelsbeziehungen sind wohl die Ursache dafür, daß zwischen 1658 und 1694 fünf »schwäbische Hauben« aufgezählt werden. Reiche Patriziertöchter besaßen ein »Haarbändel von guten Perlen« (1652).
Seit 1694 werden Riegl, 1723 ein »schwarzes Rigl« aufgezeichnet. In Tirol wurde ein »Riedl«, der Rest einer Frauenhaube, noch im 19. Jahrhundert zur Festtagstracht angelegt und zwar zusammen mit dem alten Riedlhut. Dies entspricht auch den Beobachtungen auf unseren Votivbildern, die unter dem schwarzen Hut immer eine weiße Haube zeigen. Im Sarntal wurden die Zöpfe der Braut rückwärts geknotet und darüber der nestartig geflochtene Riedl geheftet, der aus roter Seide mit grünem Samtband eingefaßt war. Unter dem Riedl wurde die silberne Haarnadel durchgezogen [39].
Der letzte Eintrag im Jahre 1723 bildet zugleich den Auftakt zur Tracht des folgenden Jahrhunderts. In der »Feiertagsglegenthauben mit einem gelben zeugen Boden« möch-

te man die Bäglhaube erkennen, die nun die Frauentracht beherrschte und sich in den Werdenfelser Bramlan bis heute erhalten hat.

Die Art des Tragens scheint bei den Hüten der Barockzeit anders gewesen zu sein als im 18. Jahrhundert. Durch die großen Mühlsteinkrausen mußte der Hut mehr in die Stirn gerückt werden, er wird auch heute noch von vorn nach hinten aufgesetzt. In der Rokokozeit sitzen die Hüte weiter rückwärts und zeigen eine freie Stirn. Die flachen Krempen an den Hüten des 17. und 18. Jahrhunderts sind bedingt durch die darunter gesetzte Frauenhaube und die Halskrause. Eine Verzierung durch Band oder Feder zeigen diese älteren Hüte nicht, jedoch sprechen die Inventare von einer »schwarzen sametnen Weiber Hutschnur« (1699) und einer Hutschnur mit Atlas-Bändeln (1715). Vom 16. bis zum 18. Jahrhundert erreichten die Krempen solche Dimensionen, daß sie mit Schnüren am niederen Gupf befestigt werden mußten. Beim Dreispitz geschah das an drei Stellen. Fast immer genügte ein Hut, manchmal besaß der Bauer keinen, besonders im 17. und im beginnenden 18. Jahrhundert. 1658 fanden sich drei alte Hochzeitskränze, die Vorläufer unserer Kranln.

Schmuck

Der Schmuck ist eines der wesentlichen Unterscheidungsmerkmale zwischen Bürgern und Bauern. Zwar besitzen die reichen Wirtinnen auf dem Land ähnliche Schmuckgegenstände wie die Bürgersfrauen, bei den Bäuerinnen aber fehlen sie gänzlich. Einzig die einfachen Ringe aus Messing, die in den Inventaren nicht genannt sind, scheinen von der breiten Masse benützt worden zu sein, denn nicht nur der Goldschmied führt sie, man findet sie auch bei den Krämern in großer Zahl.

Im 17. Jahrhundert unterscheidet sich der Männerschmuck kaum von dem der Frauen. Zum Hochzeitskleid gehört bei beiden ein Gürtel aus Leder, der mit Silber oder Messing beschlagen war. An einer Kette hing die Messerscheide mit dem Besteck daran, auch dieses oft mit Silber beschlagen, ein Lederbeutel oder der Schlüsselhaken. Das silberne »Halskettl« diente dazu, Kreuze, Breverl, gefaßte Steine und Amulette umzuhängen. Auf dem Altarbild Reiters in der Kappel 1618 ist es zu sehen. Es sind die gleichen Gegenstände, die man auch am Rosenkranz befestigte und die der Abwehr und dem Schutze dienen. Dem selben Zweck war die Farbe des Materials angepaßt. Die große Vorliebe für korallene Rosenkränze und den Rubinstein am Schmuck hängt sicherlich mit ihrer roten Farbe, dem Sinnbild des Lebens und der Kraft zusammen. Zum wertvollen Rosenkranz gehörte das silberbeschlagene Gebetbuch, freilich wiederum nur für die wohlhabenden Stände.

Der Handelsmann Bernhard Rieß hat 1681 folgende zur Tracht gehörigen Waren

auf Lager:

Stoffe		
	8 Stück weiße ungebleichte Leinwand	10 fl
	15 Stück gebleichte Leinwand	
	22 Stück gefärbte Leinwand	44 fl
	4 Stück schwarz — und weiße Leinwand	3 fl
	2 Stück grüne Leinwand	3 fl
	5 Stück Faß = Kanavaß, grün	15 fl
	4 Stück blauer Zwineth	
	25 Stück schwarzer Zwineth	75 fl
	4 Stück ländler Federiet	10 fl
	5 Stück rupfes Halbtuch	
	100 Stück Meßalan aus Nürnberg	10 fl
	128 Stück Kardiß	350 fl
	300 Ellen gemeinen Rockzeug	30 fl
	20 Stuhl Brauttuch	30 fl
	2 Stuhl schwarzes Scharschett	20 fl
	27 Stück niederländischen Wurschet	108 fl
	32 Stück Nürnberger Wurschet	96 fl
	3 Stück schwarzer Wurschet	9 fl
	15 Ellen allerlei Farben Taffet	30 fl
	38 Karton Seiden	250 fl
	10 Karton halbe Seiden	10 fl
	30 Stück Barchet	75 fl

Borten und Bänder

10 Stückel Salzburger Borten
72 Augsburger Bünde: Bänder, Spitzen und Borten
11 Bünde kleine und große Silberspitzen und Borten
30 Bünde wollene Spitz und Borten
10 Bünde gute Bänder
26 Bündel weiße Spitz und Borte
13 Bund seidnes Rosenband
75 Stück seidenes Taffetband
90 Stück allerlei Taffetband
    leonische War (Goldborten)
 7 Stück Braut Taffetbänder
17 Dutzend scharlach Bänder
10 Dutzend Zottenband

Vierlei Farben Bänder
blau und weiß kugelte Bändeln
130 Stück Imster und Basler Band

Knöpfe

Unterschiedliche Bünde Knöpfe	20 fl
9 Bündel große zinnene Knöpfe	a 30 kr

12 Laden (Schubfächer), darinnen allerlei verzinnte Nägel
 2 Laden, darinnen Messing- und verzinnte Ring
 3 Laden mit hölzernen Taschenmessern
   Reiterdegen samt Wehrgehäng

Die kleineren Krämer, deren Inventare 1694 und 1717 (Blasi Jäger) aufgezeichnet wurden, führen die gleichen Stoffe, darüber hinaus:

Kanafaß, blau, braun, rot »für Röcke« 1717
Sorauer Tuch, leibfarben, blau, rot, braun, weiß, grün, silberfarben, grau
22 Brettl schwarze Spitz
Seidene, gsottene, baumwollene Flör
Baumwollene schlechte Halsbinden
Tischtuchborten
Gollerborten
Schnürriemen
Seidene Gurten
Grüner und rot-seidener Moire.

Über die Entwicklung der Weilheimer Tracht im 18. Jahrhundert gibt das Geschäftsbuch des Handelsmannes Joseph Vötterl von 1777 und den folgenden Jahren bis 1783 Aufschluß.
Neben den seit alters gebräuchlichen Stoffarten: Kronrasch, ganz- und halbwollenes Zeug, Wollcriset, Barchent, Federith tauchen neue auf: Böhmisches Tuch, schwarzes Pfaffenzeug oder Polomit, Manchester, feines Tuch in den Farben: holländisch-schwarz, lichtrot, lichtgrau, lichtblau, dunkelgrün, braun.
Für die bäuerliche Kundschaft bestimmt war das Landtuch (grau, licht- und dunkelblau, braun, schwarz, lichtrot, modifarb, grün, kapuzinerfarb, gelb) Beyi in denselben Farben, rotes und gedrucktes Rockzeug.

44

»Seidenwar« (violett, braun, carmesin, grün, schwarz, gelb, blau, geblumt) nimmt jetzt einen größeren Raum ein, daneben Damaste, Parther, Halbseidenzeug.

Als Futterstoffe dienten Damasch (grün, blau, rot, schwarz, rot und weiß), Pers, gedruckter Frourl (blau, rot, grün). Mit Steifleinwand, Rockblech und Glanzleinwand (schwarz, hellrot, carmesin) konnte den leichten Seidenstoffen der nötige Halt verliehen werden.

Ganz neu sind die vielfältigen Halstücher: halbseidene und seidene, einfache und doppelte, hohe und gesottene. Daneben werden gesondert die »holländischen Tücher« aufgezählt: dunkel- und hellbraun, -grau, grün, holländisch und berliner schwarz. Auch der Halsflor ist in verschiedenen Sorten in Gebrauch: ordinari Baumwollware, Seidencrepon, gestrickt.

Neben der von jeher üblichen Bandware, unter der ein gesticktes Band auffällt, verkauft er

Hosentrager: ordinari und zeugen, grün seiden und samt, blau seiden

Gurten: halbseiden

Hut-Bandl: halbseiden

Schnürriemen   zum Mieder

Leonische War, gute Gold- und Silberspitzen, weiße Spitzen, die zur Verzierung von Mieder und Zughauben der reichen Bürgerinnen Verwendung fanden.

14 Pfund Fischbein geben uns die Gewißheit, daß Mieder und Karsedel damit versteift wurden.

Strümpfe: perlfarben, schwarz, gestreift

Weiberstrümpfe: blau, Salzburgerstrümpfe für Frauen und Kinder

Männerstrümpfe: blau, braun, grau

Straichstrümpfe   mit und ohne Knöpf.

Knöpfe werden als »Nürnberger War« geführt und sind nicht nur wie bisher aus Silber, Messing, Metall, sondern auch aus schwarzem und gelbem Bein. Es gab »Knöpf mit Silber auf Holz« und große »silberne Knöpfe mit gelbem Reif«. Gegenüber den früheren Inventaren nehmen die Knöpfe mehr Raum ein, indes das Angebot an Bändern verringert wurde. Die Technik der Verschlüsse hat sich auf Knöpfe umgestellt.

An Taschen führt man Geldtaschen, Brieftaschen und Ledertaschen mit gelben Knöpfen, die an die alte Form erinnern.

Das Register unterrichtet uns genau, woher die einzelnen Waren bezogen wurden.

Spitzen aus Sachsen, Reutlingen, Salzburg

Seidentücher aus Holland

Knöpfe aus Nürnberg

Strümpfe aus Salzburg

Hauben aus Tirol

Tuche aus Böhmen

Seidenstoffe zumeist aus Frankfurt, daneben Eisenach, Iserlohn, Aachen, »Zaubenroda« im Vogtland (wohl Zeubenroda).

Gegenüber dem Inventar von 1681 (Handelsmann Rieß) zeigt sich eine viel größere Auswahl an feineren Stoffen und Tüchern, die von weit her geholt wurden, um den Geschmack der Kundschaft zu befriedigen. Die größte Veränderung ist bei den Farben festzustellen. Neben den von jeher gängigen: braun, grau, schwarz und rot, stehen lichte Töne: hellrot, -blau, -grau und gelb und das nicht nur bei Seiden sondern auch bei Wollstoffen, sogar bei den derberen Landtuchen. Schon am Ende des 18. Jahrhunderts erscheinen die violetten und braunen Seidenstoffe, die noch am Ende des 19. Jahrhunderts in den Märkten (Tölz, Murnau, Mittenwald, Partenkirchen) außerordentlich beliebt sind. Hingegen sind die seidenen Halstücher nicht so farbenprächtig, wie wir es später gewöhnt sind. Erst seit 1752 wurden sie für den Bauernstand erlaubt.

Den glanzvollen Abschluß der Hinterlassenschaftsinventare und deren Illustration bildet die kolorierte Krippe des Weilheimer Malers Johann Baptist Wenzel von 1721 im Museum Weilheim, die Hirten, Bürger, Wirte, Jäger und Adelige darstellt. Ein Vergleich mit Votivbildern derselben Gegend und Zeit macht deutlich, daß es sich nicht etwa um Phantasiekostüme, sondern um historisch treue Wiedergaben der Tracht handelt. Bei den Hirten begegnet uns das typische Kleidungsstück jener Zeit, eine ärmellose Jacke, Carmagnol genannt, und die aus Stoff geschnittenen Strümpfe. Der Jäger trägt dieselbe Uniform ganz in Grün wie Adam Schöttl aus Mittenwald dreißig Jahre zuvor. Dem Wirt mit seiner weißen Schürze begegnen wir ebenso im Murnauer Mirakelzyklus, wo des Tafernwirts Michael Bayrlacher von Uffing Töchterlein einen Petschierring verschluckte (1764) und der besorgte Vater zu Hilfe eilt. Die Wiederkehr dieser eigenartigen Standestrachten sind ein Beweis für die Glaubwürdigkeit sowohl der Krippen- als der Votivbilder. Darum ist die Tracht der Leichenträger in Murnau 1746 ebenso historisch, wenn sie auch um diese Zeit recht altertümlich anmutet.

Die Krippenfiguren lassen auch die Entwicklung des Männerrockes erkennen. Der Jäger trägt nach altem Brauch einen langen kragenlosen Rock mit gerade geschnittenen Taschen, wie ihn schon Amort in Benediktbeuern konterfeit hatte. Auf den Votivbildern um 1720 ist der Rock des Bürgers außerordentlich ausladend und faltenreich mit geschweiften Taschen und riesigen Ärmelaufschlägen, geschmückt mit dem Prunk seiner Silbermünzen (Hohenpeißenberg 1737).

46   Die städtischen Inventare Weilheims werden überschnitten und ergänzt durch die

Benediktbeurer Inventare, die heute im Staatsarchiv von Oberbayern unter »Land-gericht Tölz« stehen. Die Unterschiede zwischen der städtischen und ländlichen Tracht sind nicht erheblich, da die Weilheimer Bürger allesamt nebenbei eine Landwirtschaft betrieben, und dem bäuerlichen Wesen nahestanden. Nur in der Qualität der Stoffe, in der Menge der Silberknöpfe am Männerrock, beim Frauenschmuck und den langen radförmigen Männermänteln konnten sie sich mehr und Besseres leisten als das arme Bauernvolk.

Bäuerliche Männertracht zwischen Isar und Weilheim

Erste Hälfte des 18. Jahrhunderts

Der Mittelpunkt der Bauerntracht blieb auch im 18. Jahrhundert jener großartige Männerrock, dem wir schon im 17. Jahrhundert begegneten, knielang, aus feinerem holländischen oder derberem Tuch mit abstehenden Schoßfalten, Pattentaschen und Messingknöpfen, bei größerem Aufwand mit rotem Cardis (1720) oder Pelz gefüttert (1708), während gewöhnlich Hafteln zum Verschluß des Rockes benutzt wurden. Die überwiegende Mehrzahl dieser Männerröcke war braun, im Gegensatz zum Schwarz des vorigen Jahrhunderts, sehr selten begegnen blaue, graue und grüne (1729) Röcke. Besonders vornehme Leute, etwa der Kellerdiener des Klosters Bene-diktbeuern, besaßen einen »blauen Mantel mit guten silbernen Borten« (1720) nach städtischer Mode und trugen dazu Handschuhe mit grünen Fransen. Auch der alte schwarze »Schliefer«, ein wärmendes Überkleid, begegnet uns 1712 noch einmal.
Unter dem Rock ist das Kamisol zu sehen, von gleichem Schnitt und übereinstim-mender Farbe (braun, blau, grau oder rot, Amtmann von Benediktbeuern), aber etwas kürzer.
Der alte rote Brustfleck, der sich unter der spanischen Tracht verborgen hatte, kam nun wieder zu Ehren, manchmal mit »sieben runden Knöpfen und mit gutem Silber portiert« (Bräuknecht im Kloster Benediktbeuern), aber auch weiß, braun, blaugedruckt (1736) und pelzern.
Wenig hat sich die Qualität der Hosen verändert: Ledern, irchen, zeugen, tüchen, rupfen, leinen, wollen und barchent, vorwiegend in den Farben schwarz, aber auch grau, braun, blau und grün (1731). Die Hosen waren nun enger und wurden mit Hosenträgern befestigt, die vor allem bei der Arbeit sichtbar wurden. Erstmalig 1709 genannt, wurden diese seit 1724 häufiger. Auch sie richteten sich in der Qualität nach dem Geldbeutel ihres Besitzers: »riemer« (1719) oder ledern (1728),

rot wollen (1731), leinwatten (1724 beim Müller in Joch), grün zeugen (1735) und samten (1729). Lederne Gürtel werden selten erwähnt.

Am Werktag versah die »Joppe« ihren Dienst, vorwiegend weiß-wollen (loden), aber auch häufig rot, gelegentlich braun und grün tüchen (1735).

Unverändert blieb auch das Material der Strümpfe: wollen, baumwollen, zwirnen, rupfen, leinen, loden, weiß ledern, irchen, seiden. Ihre Farben waren rot, grau und weiß, gegen die Mitte des Jahrhunderts trat blau in den Vordergrund.

Bis 1724 werden noch weiße Krägen benützt, die einst zur spanischen Tracht gehört hatten. Seit 1720 nennen die Hinterlassenschaftsinventare Halstücher, denen »schwarzwollene Binder« vorausgegangen waren (1709). 1726 hinterläßt ein Bauer einen »alten Flor« aus Seidencrepon, wie er von nun an zum ständigen Begleiter im 18. Jahrhundert wird.

Die Hüte werden als schwarz und nieder beschrieben (1715). 1734 erscheint der erste grüne Hut und grün sind bisweilen auch die Hauben (1724), von denen Pelzhauben (1724) und blau-wollene (1736) gegen die Winterkälte schützten, während das lederne Käppel (1708) wie heute bei der Arbeit gedient haben mag.

Schlafhauben und der Fürfleck (Schürze) eines Handwerkers verdienen ebenfalls Erwähnung.

Bäuerliche Frauentracht zwischen Isar und Weilheim
Erste Hälfte des 18. Jahrhunderts

Länger als bei den Männern hielt sich in der Frauentracht das feierliche Schwarz des 17. Jahrhunderts. Zum Kirchgang waren Rock, Schürze und Joppe schwarz wollen oder tüchen. Auch am Werktag waren weite, halblange schwarze Röcke üblich, während 1727 am Walchensee ein grüner genannt wird.

Die Überjoppe, deren langer Schoß kurz überm Knie endet, ist außerdem seit 1732 sehr häufig weiß wollen (loden), in Pessenbach 1729 grün.

Auch der kurze Schalk war vorwiegend weiß (rupfen oder härben), sicherlich ein Arbeitsgewand.

Das Leibl dagegen war wollen oder tüchen, weiß oder grün (1719), oder weiß mit grünen Überschlägen.

Lebhaftere Farben zeichnen nur das Mieder aus, das vorwiegend rot, häufig aber auch blau seiden war. Grün taucht erstmalig 1717 auf. Das langleibige, knapp auf

25 Bauernfamilie in Festtracht. Votivbild 1793, signiert Ruetz.
    Kohlgrub, Rochuskapelle

24 Männerschmuck: Schariwari mit Anhängern, die den Stand des Trägers bezeichnen.
    Filigran-Hutschnalle. Halstüchelring. Partenkirchen, Werdenfelser Museum

Figur gearbeitete Mieder war aber auch oft »mit guten silbernen Borten« oder »rot gebrämt« (eingefaßt). Der Brustfleck scheint keine andere Bedeutung gehabt zu haben, als den Schlitz unter der Miederverschnürung zu verdecken. In der Farbe des Miederstoffes rot, schwarz, weiß oder härben »ausgenäht« war er durchaus noch kein Prunkstück.

Darunter wurde ein weißer »Halskittel« gezogen, auch mit Spitzen verziert, deren die Wirtin von Walchensee 30 Stück besaß.

Den Halsausschnitt bedeckte überdies ein weißer Goller, kaum jemals wird der Halsflor erwähnt. Die Frau des Wasenmeisters (Abdeckers) von Ried, die sich dank der Stellung ihres Mannes etwas Besonderes leisten konnte, besaß einen »Weiberflor mit Spitzen«. Bei den Schürzen wird genau unterschieden zwischen dem schwarz wollenen oder zeugenen Fürtuch zur Festtagstracht und dem blauen oder weißen Fürfleck (rupfen, harben) zur Arbeit.

Die Farbe der Frauenstrümpfe war durchgehend weiß, das Material wie bei den Männern. 1735 hinterließ eine Benediktbeurer Bäuerin ein Paar wollene Kniestrümpfe.

Die Kopfbedeckung der Frauen scheint wenig Veränderung erfahren zu haben. Weiße, gestärkte Hauben, auch »Schlair-Hauben« genannt, weil sie aus zarten Stoffen hergestellt wurden, waren schon im 16. Jahrhundert beliebt. Nur begüterte Frauen, etwa die Wirtin vom Walchensee leisteten sich 1727 eine schwarze Pelzhaube, die elegante Frau des Wasenmeisters zu Ried ging mit einem »sammet gespitzten Häubel« zur Kirche (1729). Die teuren »Taffethauben oder Kappen« mußten natürlich auf dem »Haubenstock« (1735) sorgfältig aufbewahrt werden.

Wie lange sich die Brautgürtel erhielten, beweist ein Eintrag aus Sindelsdorf, der noch 1733 einen »beschlagenen Sammetgürtel« verzeichnet, wie er im 17. Jahrhundert allgemein üblich war. Daneben gab es auch lederne Weibergürtel (1719).

Der pelzene Schliefer (1732) und das rupfene Badtuch vervollständigten die Ausstattung der damaligen Bauersfrau.

Das Inventar des Kramers von Bichl (1710) gibt genauen Aufschluß über die wichtigsten Stoffarten und Farben auf dem Land. Er führte:

4 Ellen roten Quinett
4 Ellen grünen, 1 roten, 1 schwarzen, 3 andersfarbige Cardiß
   (Schafwollstoff zu Weiberröcken)
2 Ellen schwarzen, 4 braunen Mesulan (Mischgewebe aus Garn und Wolle)
2 grüne Hauben und nicht weniger als 63 unterschiedliche Brettl mit Woll- und
   Seiden-Bändl, Börtl und Gallonen

Bäuerliche Männertracht im Weilheimer Umland

Zweite Hälfte des 18. Jahrhunderts

Die auffallendste Veränderung ist das Vorherrschen von Grün an Stelle des alten Braun am Männerrock. Das Hauptverbreitungsgebiet ist die Jachenau, Kochel, Benediktbeuern, Bichl. Braun wird gerne von Wirten, Krämern und Klosterangestellten getragen, während Bäcker Blau und Grau bevorzugen. Im letzten Viertel des 18. Jahrhunderts stehen 20 grüne Röcke 12 braunen, 8 blauen, 3 grauen und einem roten gegenüber.

Kamisol und Rock stimmen farblich meist überein. Es scheint, daß dieses Kleidungsstück den begüterten Ständen vorbehalten war. Ausnahmsweise ist es auch mit Ärmeln ausgestattet (1784). Zum Zeichen seines Reichtums hat ein Wirt 35 silberne Knöpfe daran. Bei einfachen Leuten fehlt es; sie besitzen Rock und Joppe.

Auch diese ist nun überwiegend grün gegenüber weiß, rot, blau und grau, das besonders in der Sindelsdorfer Gegend üblich war. Leibl und Brustfleck halten am alten Rot fest, obwohl auch hier grün zu finden ist. (Rot 40, weiß 11, grün 13, blau 9, grau 2, braun 1.)

Seit 1788 ist das Leibl mit einem Täschchen versehen, gelegentlich auch mit 15 silbernen Knöpfen, die Stoffe sind nun gestreift oder kariert.

Immer noch sind die Lederhosen, meist schwarz, in der Überzahl. Zum blauen, braunen oder grünen Rock benützt man aber auch Hosen in derselben Farbe (wollen, tüchen, zeugen, rupfen). Nun werden sie mit neun Silberknöpfen ausgestattet. Zur grünen Hose gehören auch grüne Hosenträger, während sonst rote und blaue (nur von Bäckern) benützt werden. Seit 1787 tauchen Wiener Hosenträger in grün und gelb auf. Die Manns- oder Leibgurten aus Leder werden vereinzelt auch mit Zinn beschlagen (1753, Jachenau). Die Strümpfe waren in der überwiegenden Mehrzahl blau neben schwarz seidenen, gewürfelten Hamburger und »Auer Strümpfen« (1784 Benediktbeuern). Pelzhauben mit grünem Samt oder Tuch verarbeitet, aber auch schwarze und graue Pudelhauben werden öfter aufgezählt. Die lederne »Trischelhaube« (1792 Jachenau) gehört wohl zum Dreschen. Auffallend gering war die Zahl bei Halsfloren und silbernen Schuhschnallen.

Die Vorliebe für grüne Kleidung, die seit 1729 zu verfolgen ist (Orterer von Ort in der Jachenau), geht so weit, daß Rock, Joppe, Brustfleck, Hose, Hosenträger, Winterhaube und Hut grün sind. Damit sollte wohl die Jägertracht nachgeahmt werden, die in mehreren Abbildungen und Inventaren als vollständig grün bezeugt ist.

Freilich wäre es abwegig, sich die Tracht so einförmig vorzustellen. Unbekümmert trug man den roten Brustfleck zum grünen Rock, wie ja dem Einzelnen jede Variationsmöglichkeit verblieb und keine starre Norm herrschte.

Die dunkelgrüne Uniform der alten Garde von Mittenwald [40] mit langgeschwänztem Frack und hohem Schiffhut mit dem ellenlangen grünen Federbusch, einem Stutzen, Säbel und der Patronentasche an den schwarzen, über der Brust sich kreuzenden Lederkoppeln ist sicherlich die Nachfolgerin der alten Jägertracht.

Über Mittenwald hinaus weist aber die Spur nach Tirol, wo grüne Männerkleidung schon im 15. Jahrhundert nachweisbar ist. Erzherzog Sigmund von Tirol ließ sich nach seiner Abdankung im grünen Rock portraitieren [41], auf einem Altar im Sellraintal wird er mit grünem Mantel und grüner Haube wiedergegeben (1491) [42]. Die Jägertracht ist von den jagdlustigen Herren Tirols zum standesgemäßen Kleid erhoben worden und ging in die Volkstracht über.

Berufstrachten

Einige Berufe zeichneten sich dadurch aus, daß sie eine Vorliebe für bestimmte Farben hatten, die sich bis in die kleinste Einzelheit ihrer Kleidung erstreckte.

Jäger waren vom Kopf bis zum Fuß grün gekleidet, wenn man die hellbraunen Schuhe ausnimmt. Der Jäger Georg Sacherbacher zu Höfen in der Jachenau hinterließ 1784: 2 grüne tüchene Röck mit detto Kamisol, 1 grünes Halbröckl, 1 grün zeugenes Leibstückl, 1 grünseidene, goldgestickte »Kuppel« zum Hirschfänger, 2 grüne Hüt und 1 schwarzen, mit Silberborten eingefaßt. 100 Jahre früher ist Adam Schöttl, Oberjäger in Mittenwald, genau so gekleidet, und das Bild eines Jägers in der Krippe von Weilheim (1721) stimmt ebenfalls überein. Damit ist aber auch die unbedingte Zuverlässigkeit der Votivbilder bewiesen.

Bäcker und Müller hatten eine Vorliebe für blau und grau, so daß Grau auch »müllerfarben« heißt.

Rock und Kamisol waren beide blau oder grau, Strümpfe, Brustfleck, der seidene Hosenträger und sogar der Rosenkranz blau, eine Ausnahme machte manchmal der rote Brustfleck, der schwarze oder grüne Hut und die grün samtene Pelzhaube. 1728 hinterläßt der Bäcker von Sindelsdorf eine »lederne gelbe Pöckhen-Hose«, so daß auch diese zur Bäcker-Tracht gerechnet werden kann.

Der reiche Wirt von Laingruben besitzt 1779 als einziger einen blauen Mantel, dazu 3 braune Röcke und dazugehöriges braunes Kamisol mit 30 silbernen Knöpfen. Am roten Leibstückl befinden sich 24, am Brustfleck 18 und an der Lederhose 9 Silberknöpfe. Kein Wunder, daß der Rock als besonderes Wertstück gilt.

Dem roten Leibstückl mit seinen vielen Silberknöpfen begegnen wir auf mehreren Bildern (Krippe Weilheim und Mirakelzyklus Murnau).

Der Wirt hat regelmäßig eine weiße, gereihte Halbschürze mit Spitzenbesatz darübergebunden und eine grüne Kappe auf dem Kopf.

Der Bindermeister des Klosters Benediktbeuern besaß 1784 zwei braune Röcke und Kamisole, eine brauntüchene, ledergefütterte Hose, einen braunen Schlafrock und zum roten und grauen Kamisol mit Ärmeln ein rotes Leibstückl. Das seidene Halstuch, schwarzseidene oder gewürfelte Hamburger Strümpfe, Schnallenschuhe und Sackuhr sind die untrüglichen Zeichen seiner außerordentlichen Eleganz.

Sogar der kleine Kramer zu Sindelsdorf versucht es den Vornehmen gleichzutun, indem er zu Rock und Kamisol braunes Tuch wählt und grün seidene Hosenträger dazu trägt. Im Zeitalter der vorwiegend grünen Männerröcke galt es als besonders auffallend, braun zu tragen, das seit dem frühen 18. Jahrhundert zur Kirchentracht gehörte.

Zwei Votivbilder in Murnau ohne Jahrzahl und Ortsangabe stellen wohl Wirte dar: Männer in weißem Hemd und rotem Hosenträger und einer weiten, glockigen braunen Schürze bis zum Knie, dem »Sturz«, dazu weiße Kniestrümpfe [43]. Reiche Leute besaßen zu ihren harbenen Hemden noch einige Überhemden. Der Wirt von Heilbrunn hinterließ 1753 sein »Gotenhemd«, das er von seinem Paten, »dem Göd«, zum Geschenk bekommen hatte.

Aus den Inventaren geht hervor, daß die guten Kleider nicht im Wohnhaus, sondern im danebenstehenden Kasten aufbewahrt wurden (1782 Benediktbeuern und mehrere andere), um sie vor dem Rauch des offenen Herdfeuers zu schützen.

Bäuerliche Frauentracht im Weilheimer Umland
Zweite Hälfte des 18. Jahrhunderts

Die Hinterlassenschaft von Frauen wurde nicht so häufig inventarisiert als die von Männern. Doch sind es immerhin so viele Aufzeichnungen, daß ein guter Überblick möglich wird.

Der »Kittel« aus »schlechtem Stoff« (härben, rupfen) gehörte für den Werktag, der »Rock« (wollen, zeugen, gradisch, kronaschen) für den Sonntag. Die überwiegende Mehrzahl ist schwarz, neben 18 schwarzen stehen 3 grüne Röcke, die vielleicht zur Kategorie der »grünen Unterröckl« gehören (1753), die neben den rottüchenen in Gebrauch waren.

Das Mieder blieb weiterhin rot aus »holländischem Tuch« oder Damast, aus Seide oder Tuch, »mit leonischen Borten« oder »mit Silber portiert«. Wirtinnen bevorzugen blaue Damastmieder. Aber auch grüne Mieder mehren sich, der Schnürriemen ist aus Seide oder Halbseide. Die Wirtin am Walchensee hinterließ 1761 ein »unüberzogenes, mit Fischbein eingelegtes Mieder«, eine Art Korsett, der Vorläufer unserer jetzigen versteiften Mieder (rot 25, blau 17, grün 6).

Der Brustfleck ist immer noch ganz unauffällig aus dem gleichen Stoff wie das Mieder (»Mürder sambt Brüstel.«)

Darunter trug man den weiß harbenen »Halskittel«, später (1779) auch »Hemdmieder« aus Leinen (Bichl, Benediktbeuern). Mehrere harbene Goller, auch ein Wintergoller und rupfene Hemden mit harbenen Ärmeln gehörten zur Unterkleidung.

Zur Bedeckung des Unterarmes dienten »Stützeln« (1773), außerdem gab es einzelne Ärmel, wohl an einen harbenen Leib angenäht: »1 Paar rot pomesinene Ärmel« (1783 Sindelsdorf, wie heute beim Mieder).

Die Überkleidung war entweder das schwarz wollene »Leibl«, das zur Kirchentracht gehörte und auch weiß wollen (1750), braun (Sindelsdorf) und grün tüchen (Jachenau, Bichl) war; oder die Joppe, bei der schwarz, weißwollen und grün tüchen ungefähr in gleichem Verhältnis standen. Zur Arbeit gebrauchte man den härbenen oder rupfenen Schalk, weiß, blaugescheckt und schwarz (Königsdorf). Wie sparsam man dazumal war, zeigt ein Eintrag, der von einer gewendeten Joppe spricht.

Das Fürtuch blieb an Festtagen weiterhin schwarz (wollen, zeugen, auch mit Spitzen besetzt), zur Arbeit weiß, oder blau rupfen und für bessere Gelegenheiten häufig blau (wollen, zeugen, gedruckt). 1769 taucht in Sindelsdorf ein gestreiftes Fürtuch auf, 1783 ein gedrucktes. Bis 1787 erhielt sich die Sitte, mit schwarzem Rock, Leibl und Schürze in die Kirche zu gehen, im Werdenfelser Land noch länger.

Die weißen Strümpfe blieben weiterhin beliebt, auch weiß wollene Kniestrümpfe werden wieder genannt (1787).

Unter den Hauben finden wir die alten weißen Leinen- oder »Schleierhäubel« wieder, ebenso Pelzhauben (mit schwarzem Taffet überzogen 1769) »von Iltis mit schwarzem Boden« (Königsdorf 1756), grün und blau samtene, hohe und niedere, taffetne Tölzer Hauben (1761), grüne und schwarze Hüte, einen Strohhut (1773) und einen schwarzen »Klaghut« (1758 Ried).

Wie bei den Männern hat sich der Flor aus Seidencrepon stark verbreitet. 1750 wird dazu in Sindelsdorf eine Silberschnalle, 1774 eine Zinnschnalle genannt.

Seit 1772 taucht in der Gegend um Benediktbeuern ein altes Trachtenstück wieder auf, das in diesem Jahr gleich zehnmal genannt wird, die schwarze »Schaube« aus »gradischem Zeug«, zu der eine schwarze Haube gehörte.

Pelzhandschuhe und Winterhandschuhe aus Plüsch (1761, Walchensee) und ein zinnenes Gürtelband (1751 Kochel), sowie der »pelzerne Schlieffer« (1750 Kochel) beschließen diese Aufzählung des weiblichen Staates.

Die Weilheimer Briefprotokolle von 1790—96 sprechen von schwarzen, grünen und roten Weiberröcken, von einem Mieder samt daran gemachtem Rock (Iffeldorf), von schwarz- und brauntüchenen Korsetten (Karsettl) und einer grün samtenen Pelzhaube. Dort scheint also die Karsettltracht früher begonnen zu haben als im östlichen Teil unseres Bezirkes.

Den besten Einblick in die bäuerlichen Verhältnisse mag das Inventar der Krämerin Maria Wörlin zu Iffeldorf 1793 geben. Hier waren vorrätig:

die sämtlichen Wollenzeugwaren	100 fl
Amians Zeug von rot, blau und grünen Farben	25 fl
Pers und Lomefin	100 fl
Seidendamast	20 fl
Wolldamast und Criset	40 fl
item Flanell oder sogenannter Püfl von verschiedenen Farben	40 fl
Schweizer Barchet	40 fl
weiße Leinwand und Schnurbarchet	8 fl
Mehlbeuteltuch	2 fl
ordinari Tücher	250 fl
Bänder und Spitzen, halbseidene Schnür, leonische Borten, Nähseiden	131 fl
5 Dutzend wollene Fabrikstrümpfe	25 fl
12 Paar Winterstrümpfe und 1 Paar Handschuhe	14 fl
1 Dutzend baumwollene große und kleine Schlafhauben	2 fl
ordinaire baumwollene Tüchl	9 fl
seidene Halstüchl	5 fl
Seidencrepon für Flor	9 fl
verschiedene wollene Hosentrager	5 fl
metallene und zinnene, mit Holz unterlegte Knöpf	7 fl
Kamelhaar, derlei Knöpf und verschiedene Zwirn	9 fl
Kurze War, als Messer, Florschnallen, Scheren,	8 fl
Knöpf, Schuhschnallen, Tabakdosen, Häfteln.	10 fl

Bei diesem Verzeichnis fällt die riesige Menge an Tüchern und Bändern auf, die Erwähnung von Fabrikstrümpfen und die genaue Angabe für die Machart der Knöpfe. Ähnlich ist das Sortiment auch beim Kramer von Sindelsdorf 1782.

Schmuck

18. und 19. Jahrhundert

Mehr noch als im 17. Jahrhundert diente nun der Schmuck dazu, die soziale Stellung seines Trägers sichtbar zu machen. Am Männerrock glänzten die Guldenknöpfe. Man trug gleichsam seine Barschaft mit sich herum, um seinen Reichtum auszuweisen. Außerdem waren aber auch andere Formen von Silberknöpfen in Gebrauch: hohe Duttenknöpfe, durchbrochene Flach- und zarte Filigranknöpfe. Zum Verschluß des Hemdkragens dienten zwei Silberknöpfchen an einer kurzen Kette. Mit silbernen Schuhschnallen, Tabaksdosen, dem spanischen Rohr mit silbernem Kopf oder einer silberbeschlagenen Peitsche konnten nur begüterte Handwerker, Kaufleute und Wirte prunken. Einfache Leute suchten es ihnen mit billigerem Material, Zinn und Messing nachzutun.

Seit dem Beginn des 19. Jahrhunderts hing der »Schariwari« aus der Hosentasche, zwei kurze Silberketten, meist Rollerketten, an denen »Petschierstöckel« und Uhrschlüssel, seltene Münzen und allerlei Anhänger baumelten, die auf den Stand ihres Besitzers schließen ließen. Die lange Uhrkette quer über den Bauch kam erst gegen Ende des Jahrhunderts auf. Wertvolle goldene Ringe waren für das Volk unerschwinglich. Dafür kaufte man beim »Silberer« einen Antoniring mit dem gepreßten Bild des Heiligen in ovalem oder viereckigem Rahmen, einen Christusring mit dem Kreuzigungsbild und roten Steinen oder auch den verbotenen Schlagring, »Fozring« genannt, aus Messing oder Silber mit einem massiven Knopf. Der reich verzierte »Tüachelring« wurde den Burschen gerne als Liebesgabe verehrt. Manchmal diente auch der Ehering dazu, das seidene Halstuch zusammenzuhalten.

Bei der Frauentracht war das silberne Miedergeschnür im 18. Jahrhundert immer noch unbekannt, eine Woll- oder Seidenschnur versah diesen Dienst. Um sie durch die Miederringe ziehen zu können, brauchte man den »Gschnürstift«, eine Zugnadel aus starkem Silberdraht mit einer Öse, 5–10 cm lang. Im ersten Viertel des 19. Jahrhunderts verzierte man sie reich, und schließlich nahm sie Schmuckcharakter an, da sie mit dem Auftreten der Silberketten zum Verschnüren des Mieders nicht mehr nötig war. Große Platten in verschiedenen Formen, mit Silberfiligranzierat und Steinen besetzt, schmückten nun den »Stecker«, der in der zweiten Hälfte des 19. Jahrhunderts seine noch heute geläufige Gestalt annahm. Am Miedergeschnür von sechs Ellen Länge, eine Elle mißt 80 cm, hingen silberne Eicheln, Weintrauben, Körbchen, gefaßte Hirschgrandl und seltene Münzen. Der Zeitpunkt, wann die Silberkette eingeführt wurde, ist recht verschieden und von der finanziellen Lage abhängig. In Partenkirchen besaßen um 1870 nur fünf Frauen ein silbernes Geschnür. Der typische Schmuck der

55

Bauernmädchen war ein Silberlöffel im Mieder, ein Fingerring und die Sackuhr, die auch bei den Männern ein unerläßliches Wertstück war und seit dem Ende des 18. Jahrhunderts allgemein begegnet. Aus der Mitte des vorigen Jahrhunderts stammen die aus Gold gestanzten und mit Steinen verzierten Broschen und Ohrringe. Das schwarze Halstuch aus Seidencrepon oder Baumwolle wurde im 18. Jahrhundert üblich und in der ersten Hälfte nur um den Hals geknotet, wobei die herabhängenden Zipfel verschieden angeordnet wurden. Daneben begegnen wir aber schon in den ersten Jahrzehnten vereinzelt der Florschnalle, einer silbergegossenen Schließe, mit der das schwarze Halstuch vorn verschlossen wurde. In Kohlgrub war es um 1750 üblich, die Schnalle seitlich zu tragen, obwohl sie noch klein war und die Trägerin wohl nicht behindern konnte. Anders war das zu Beginn des 19. Jahrhunderts, wo sie aus duftigem Silberfiligran hergestellt wurde und riesige Ausmaße annahm. Besonders die Bürgersfrauen schmückten sich mit solchen prachtvollen Stücken, und auf manchem Portrait können wir sie noch bewundern. Die Bäuerinnen behielten sie lange bei, während in der Stadt die Wickelkette aufkam, die in zahlreichen Windungen den Hals bedeckte. Auf dem Land kam sie nie in Gebrauch, dagegen fand die mehrgängige Halskette mit 8—10 »Gängen« silberner Erbsketten und einer prächtigen Schließe mehr Anklang. Das große Schloß war meist länglich mit abgeschrägten Ecken, aber auch viereckig oder oval, oben vergoldet und mit Silberfiligranzierat, dem »Zieratl« und Steinen besetzt. Jede Perle und jedes Steinchen wurde mit einer winzigen Schraube durch den Zierat gesteckt und rückwärts mit einer winzigen Schraubenmutter gehalten.

Später kamen Kettenschlösser aus gepreßtem Gold auf den Markt, die mit Granaten oder Türkisen besetzt waren. Seit 1900 werden diese Ketten serienmäßig in Großbetrieben (Eßlingen, Mindelheim) hergestellt.

Der kostbare Rosenkranz, bei dem die Reihe der farbigen Glasperlen von solchen aus Silberfiligran unterbrochen wird, wenn er nicht ganz aus Silber besteht, wurde nur an kirchlichen Hochfesten, bei Kindstaufe, Erstkommunion, Firmung oder Begräbnis benützt. Auch hier war die Farbe bedeutungsvoll: Für junge Mädchen schickten sich rosa, hellblaue oder glasklare Perlen, verheiratete Frauen wählten granatrote, dunkelblaue oder -grüne.

Je besser Handel und Wandel gediehen desto prächtiger wurde der bäuerliche Schmuck, der sich in der Form seit einem Jahrhundert kaum mehr verändert hat, wenngleich die Fabrikerzeugnisse die kunstvollen Gebilde der alten Silberschmiede nicht mehr erreichen können.

Die Tracht in Murnau, Kohlgrub, Ammergau
und in Weilheim im 19. Jahrhundert

Murnau

Als größerer Halteplatz nach der langen, anstrengenden Fahrt über die Alpen war Murnau eine beliebte Raststation. Hier wurden die Kleider aus den Koffern genommen und zum Lüften aufgehängt, ein Schauspiel für die Murnauerinnen, die das Neueste aus der großen Welt in nächster Nähe besichtigen konnten.

Feiertagstracht der Männer

Der lange, taillierte Rock in den Farben blau, braun und dunkellila war zum Kirchgang unbedingt erforderlich. Er zeigte rückwärts tiefe Falten und zwei Silberknöpfe, dazu Taschen und als Vorderschluß sechs große Silberknöpfe, von denen sich auch an den Ärmelaufschlägen drei befanden. Das Rockfutter bestand aus gemustertem Wollstoff, der etwas heller und leichter als der Außenstoff war. Der hohe Kragen und die taillierte Form weisen auf seine Herkunft von der Uniform der napoleonischen Zeit.
Die enge Bundhose mit Hosentürl und silbernen Knöpfen war aus schwarzem Leder. Gurten mit Zinnägeln waren selten, häufiger die mit Federkielstickerei, die beim Sattler Schretter und Bartl in Winterarbeit auch von Frauen hergestellt wurden. Die weißen Strümpfe waren handgestrickt, oder für besondere Anlässe aus hellblauer oder hellila Seide.
Ein Liebespfand der Mädchen waren die Seidenhalstücher, die in allen Farben gemustert mit einem silbernen Tüchelring zusammengehalten oder geknotet wurden. Auf dem hohen, braunen oder schwarzen Stopselhut, dessen Krempe nach unten geschlagen wurde, prangte eine silberne Hutschnalle und mehrere Goldschnüre und -quasten. Junge Burschen steckten sich eine Blume vorn auf den Hut. Den Veteranen des Siebzigerkrieges waren dunkelblaue plissierte Radmäntel vorbehalten, die bis zum Knie reichten. Die vorderen Stoffbahnen wurden über die Schulter geworfen. Dazu gehörten blaue Strümpfe. In einem eigenen Kirchenstuhl konnte man sie in Murnau und Werdenfels bis nach der Jahrhundertwende bewundern.

Werktagstracht der Männer

Der kurze, taillenlange Janker, der oft in Karos abgesteppt wurde, schloß auf drei Knöpfe, war zweireihig mit hohem Kragen und Knopf am Revers. Wie der Rock war er blau, braun oder dunkelrot. Er führte den Namen »Aschleckerl«.
Die Bundhose schloß an der Hüfte mit schmalem Gurt und Zinnschnalle. Aus derbstem

Rupfen waren die sog. »akampenen Hosen«. Die zweireihige Weste aus Pers wurde in allen Farben getragen. Der grüne Stopselhut zeigte weniger Schnüre als am Feiertag und einen Spielhahnstoß.
Die derben Halbschuhe hießen »Knoschpn«.

Männertracht 1870—1910

Schwarze Joppe und Weste aus derbem Stoff mit großen silbernen Knöpfen und einer schweren silbernen Uhrkette am »Gilet«, schwarze, lange, unten sich erweiternde Hose, grob genagelte Schuhe und breiter schwarzer Hut mit rundem Gupf.

Feiertagstracht der Frauen

Karsedel. Das eng anliegende Oberteil mit weitem, vorn ansteigendem Ausschnitt war mit kunstvollen Mustern aus überzogenen Schnüren, Posamentenborten und Rüschen geschmückt. Der gereihte Keulenärmel war vorn ganz eng und etwa 20 cm länger als der Arm. Er wurde nach hinten geschoppt. Der obere Teil des Ärmels war mit einer dünnen Schafwollschicht gefüttert. Am Tage vor dem Gebrauch mußte das Karsedel, das meist in einer Schublade aufbewahrt wurde, an die Sonne gehängt werden, damit die Schafwolle »aufging« und die Ärmel sich mächtig bauschten. Der Leib war auf Leinen oder Pers gearbeitet. Der Schnitt zeigt bei den alten Stücken an der Vorderkante einen geraden Fadenlauf. Das Karsedel war bis zur rückwärtigen Mitte aus einem Stück geschnitten ohne irgend welche Abnäher. Der Verschluß erfolgte durch Haken und Ösen an der Vorderkante und wurde durch einen kleinen Überschlag versteckt, der mit den »Karsedelhafteln«, silbernen Nadeln festgemacht wurde. Der Halsausschnitt war innen von einer Schnur zusammengehalten, die vorn gebunden wurde und zum guten Sitz außerordentlich viel beitrug. Beliebte Farben waren rötlich-lila und dunkelbraun mit Streifen. Die etwas verhaltene Farbenpracht dieser Seidenstoffe, ihre zarten Streifenmuster und die Farbzusammenstellung von Karsedel und andersfarbigem Rock machte diese Tracht sehr malerisch und vornehm.
Karsedelschneider war Pütrich in Grafenaschau, der von München zugewandert war.
Der aus drei Bahnen bestehende Rock war mit bedrucktem oder weißblau gestreiftem Pers gefüttert und konnte zu verschiedenen Karsedeln getragen werden. In den Rocksaum wurde zwischen Oberstoff und Futter eine 10 cm breite Besenborte eingearbeitet. Zugleich mußten Säume und schmale Posamentenborten den Saum versteifen, damit er weit ausschwingen konnte.
Die Schürze, aus zwei Bahnen gearbeitet, zeigte den gleichen Stoff und dieselbe Farbe wie das Karsedel, unter dem sie gebunden wurde. Die Moore um den Riegsee, Staffel-

see und südlich von Murnau lieferten die Otterfelle, die zu den Pelzhauben verwendet wurden. Kürschner waren generationenlang die Steigenberger von Steigenberg bei Penzberg. Das länglich ovale »guate Fleckl«, das ähnlich wie die Riegelhaube mit Stickerei verziert war, bildete den Haubenboden. An den höchsten Feiertagen war er golden, an Marienfesten, Josephstagen, Pfingst- und Ostermontagen dagegen silbern. Zur Haube wurden zwei Otterfelle seitlich zusammengenäht. Das schönere Fell wurde für die Vorderseite verwendet. Hinten war die Haube etwas höher. Das Futter bestand aus Lammfell. Als die Pantlbräuin, eine große, stattliche, aber eitle Frau eine neue Pelzhaube brauchte, ließ sie sich beim Kürschner seinen ganzen Vorrat zeigen, aber keine war für sie schön genug. Schließlich nahm der Kürschner die schönste und verschwand damit in seine Werkstatt, wo er sie schüttelte, mit einem Stöckchen ausklopfte und dann wieder zum Vorschein kam. »Ja Pantlin«, sagte er, »da hätt i scho no eine, aber de kost grad doppelt so viel.« »Ja de nimm i, de is recht«, sagte die Pantlin und rauschte damit davon. Ein Schulmädel hat mit seinen flinken Augen die Szene beobachtet und sie später erzählt [44].

Mädchentracht

Festtagstracht; zweite Hälfte des 19. Jahrhunderts

Lila Mieder in Münchner Form (vorn hochsteigend) mit Silberkettenverschnürung über dem Brokatbrustfleck, der mit Goldborten besetzt ist.
Rock und Ärmel von gleicher Farbe — blau.
Schürze aus zwei Bahnen — grünlich.
Den Hals bedeckte ein weißes Schmisel und ein lila Seidentüchlein mit Fransen, dessen Ecken rückwärts herabhängen, während sie vorn ins Mieder gesteckt werden. Eine silberne Halskette mit Schließe und ein schwarzer Stopselhut mit Goldschnur und Blumen vervollständigen das bunte Bild.
Als Brautgürtel diente das Silbergeschnür des Mieders, das schräg um den Rock gelegt wurde (vgl. Tölz). Brauttracht war das Karsedel.
Die schweren Seidentücher mit Fransen waren mit dem gleichen Muster bestickt, das im Rock eingewebt war.

Werktagstracht

Unter dem Mieder mit fünf Teilungsnähten, das in einer leichten Spitze ausläuft, werden die weißen Ärmel des Hemdes oder Halskittels sichtbar. Um den Hals liegt ein bedrucktes lila Wolltuch. Der kurze Rock und die Schürze sind von beliebiger Farbe. Dicke hinaufgeschoppte Schafwollstrümpfe in grau oder weiß gehören zu den niederen schwarzen Schuhen mit Schleifen. Auf der Gretelfrisur sitzt ein grüner Stopselhut mit Blumenbusch.

Zum Tanz und am Sonntagnachmittag erschien man in grünem Samtmieder, schwarzem Rock, flachem rundem Hut und dem »Weißzeug«, weißem Leinentuch und -schürze mit Feston oder Spitzen.

Riegelhauben für reiche Frauen und Kranl für Jungfrauen stellte der Nestler Seitz her. Seit 1700 saß diese Familie am Obermarkt in Murnau und war im Sommer als Faßmaler und Vergolder bei den Wessobrunnern tätig. Im Winter malte der Vater Seitz Hinterglasbilder, der Sohn Sebastian betrieb die Nestlerei und Blumenmacherei. Die Zutaten zu diesem Handwerk wurden erst vor wenigen Jahren in dem ehemaligen Dienerschaftsgebäude des Schlosses gefunden.

Kohlgrub

Das Regiment des herzoglichen Pflegers von Murnau erstreckte sich über den alten Markt hinaus, über die menschenleeren Moore hinweg zu den fernaufragenden Gebirgen, nach Eschenlohe und Kohlgrub bis Ober- und Unterammergau. Diese Zusammengehörigkeit hat sich auch auf die Tracht ausgewirkt.

Eine Votivtafel in Kohlgrub zeigt als besondere Eigenart der Frauenkleidung eine kurze, spenserartige Überjacke mit glockigem Schößchen, ovalem Ausschnitt und Silberknöpfen als Verschluß, dazu die halbkugelförmige Haube mit Pelzverbrämung. Die Mädchen mit rotem Mieder, weißen Ärmeln und Goller schmücken sich dagegen mit einer bändergezierten Haube.

Der Männerrock wird nur mehr bis zur Mitte geknöpft, die Ärmelaufschläge sind eng, die rote Weste am unteren Rand abgeschrägt. Die kurzen Bubenröcke zeigen ebenfalls diese Abschrägung, die auch in den ersten Jahrzehnten des 19. Jahrhunderts in dieser Gegend gebräuchlich bleibt.

Ammergauer Tracht

Der Brotherr der Werdenfelser war die Straße. Nachdem das Rottwesen erloschen war, hatten sie ihre liebe Not, auf den sumpfigen Wiesen und in der bergigen Wildnis den Lebensunterhalt zu verdienen. Anders in Ammergau. »Im Ammertal lebt alles, ein Haus stößt an das andere und prangt mit allerlei Farben und Gemälden: man wandelt vergnügt im Tale fort, wie selbst die Ammer durch dieses reizende Tal sich munter schlängelt«, schreibt Hazzi um 1800 [45]. Nicht nur die Holzschnitzerei verschaffte einträglichen Verdienst. In Ober- und Unterammergau, Kohlgrub und Eschenlohe kennt man die Namen von 75 Buchverlegern, die die geistigen Produkte der vielen Klöster vertrieben haben. »Mehrere Handelsleute, sog. Verleger befinden sich zu Oberammergau, so wie einige in anderen Ländern, als Spanien, Amerika, Holland etc. Handlungen etabliert haben [46].«

Reich und städtisch gekleidet, manchmal wohl auch in fremdländischer Gewandung, so hat Zwink sie porträtiert. Auch auf seinem Altarbild mit den Handelsschiffen werden die Ammergauer nicht in ihrer heimischen Bauerntracht abgebildet. Seit der größte Teil der Unterammergauer Votivbilder zugrundegegangen ist, sind die Darstellungen der dortigen Bauernkleidung selten geworden. Auf der Rückseite des Oberammergauer Forsthauses malte Zwink Scheinfenster mit Mädchen- und Männergestalten, die sich mit ihren Bägelhauben und grünen Hüten, mit dem hohen Mieder und weißen Hemdärmeln nicht von der Tracht der Nachbarorte Garmisch-Partenkirchen oder Murnau unterscheiden. Auf einem Stich [47] wird ein Ammergauer mit kräftig blauem, faltenreichen Langrock, rostroter Weste, breitem Ledergurt mit großer Messingschnalle, hohem Stopselhut mit Spielhahnfeder und grünen Wadenstrümpfen dargestellt. Die kurzen Beinhöseln benutzte man hierzulande nicht, da keine Flößerei betrieben wurde. In ähnlicher Form, mit weißen Strümpfen und kleiner Samtschleife am Hals wurde die Tracht für die Musikkapelle erneuert.

Als Belege für die Frauentracht sind einige Hinterglasbilder im Unterammergauer Pfarrhof zu werten, die mit Ortsangabe versehen sind.

Das älteste von ihnen (1785) stellt eine Frau in schwarzem Rock, blauer getupfter Schürze, roter Joppe mit glockigem Schoß, weitem, spitzenverziertem Ausschnitt und einer schwarzen Spitzenhaube dar, das daneben kniende Mädchen trägt ein rotes Mieder, weißen Goller und lange weiße Ärmel (vgl. Kohlgrub).

Auf dem nächsten Bild ist das dunkle Karsedel mit goldener Borte am Ausschnitt und vorderen Rand verziert, ein rosa Einstecktuch paßt zur rosa Schürze. Aber man sieht auch blaue, rote, grüne und gestreifte Tücher und Schürzen. Die Bramlan haben goldene oder blaue Böden, der Pelzbesatz reicht vorn und rückwärts etwas höher hinauf als seitlich und unterscheidet sich damit von den Werdenfelsern. Der schwarze Halsflor wird rückwärts gebunden, die beiden Zipfel links und rechts nach vorn gelegt, ebenfalls eine Eigenart dieser Gegend.

Im 19. Jahrhundert gehörte auch hier das Karsedel mit dem vorn aufsteigenden Ausschnitt zur Feiertagstracht, dazu die hohe Otterhaube mit dem goldenen Boden. Die längsgestreifte Seidenschürze bedeckte den Rock fast vollständig. Zum schwarzen Festkleid trug man den im Dreieck zusammengelegten »türkischen Schal«, dessen Enden über den Arm gelegt wurden.

Das städtische Element kommt besonders in den Hüten zum Vorschein. Der Kapothut aus Samt wurde mit Rose und Feder auf der Seite geschmückt. Die sog. »Wuhaube« war eine Spitzenhaube, die nur den Hinterkopf bedeckte, vorn unterm Kinn gebunden wurde und rückwärts mit einer Schleife aus Seidenband verziert war.

Die Bürgerinnen bedienten sich der Riegelhaube und einer vielgängigen Silberkette mit schmalem hohem Schloß nach städtischem Vorbild (Bildnis von Frau Therese Lang 1801—78).

Gegen Ende des Jahrhunderts finden wir hier wie überall Mädchen mit gestickten Miedern und Silbergeschnür, schmalen gereihten Ärmeln, Halskette und Schnurhut, der seitlich sehr stark aufgebogen wurde.

Typisch für Oberammergau ist das »Zeschterla«, eine enganliegende schwarze Haube mit angestricktem Halsteil.

Das weiße, leinene Dreiecktuch, an dessen Längsseite ein schmaler Kragen angenäht war, diente dazu, die kostbare Seide des Kleides, unter dem es getragen wurde, zu schonen. Dabei wurde der Kragen nach außen umgebogen.

Heute wird auch hier von den Verheirateten »Aufbroattuch« und Schnurhut, von den Mädchen Mieder und »Flamhut« (grüner Velourhut) getragen.

Tracht in Weilheim

In den Bürgerbildnissen aus dem alten Weilheim klafft der Gegensatz zwischen den geradsinnigen, oft bäuerlich strengen Gesichtern und dem modischen Prunk, den man seinem Stand schuldig zu sein glaubte. Glänzende Seide in vielfacher Fältelung schmückte den weiten Halsausschnitt des Karsedels, der von einem hellfarbigen Seidentuch bedeckt wurde. Stärker als die Männer, die sich der französischen Tracht mit den hohen Krägen verschrieben hatten, hielten die Frauen an der bäuerlichen Art fest, sei es in der Wahl von kräftigen Farben oder der traditionellen Pelzhaube. Ihre Höhe war örtlich verschieden und ließ schon von ferne auf die Herkunft ihrer Trägerin schließen. Während man im Süden hohe Otterhauben bevorzugte, waren die der Weilheimerinnen niedrig und rund.

Auf dem Lande konnte man sich nicht genugtun mit gestreiften und getupften Stoffen — am liebsten blau-weiß —, zu denen eine niedere Pelzhaube mit einer kleinen Einbuchtung auf dem Scheitel gehörte. Mädchen steckten wie in Werdenfels einen hohen, durchbrochenen Hornkamm hinter das Haarnest, das auf dem Wirbel saß. Das kurze Mieder und der lange schmale Rock verraten das Vorbild des Biedermeier, das einen strengeren Zug in das Erscheinungsbild bringt. Nördlich von Weilheim, in Bauerbach und Jenhausen, hatte man schon um die Mitte des 18. Jahrhunderts die Überleibchen so kurz geschnitten, daß darunter ein Streifen des roten Mieders sichtbar wurde. Südlich davon wird ein roter runder Goller benützt (Mitte 19. Jahrhundert), wie Votivbilder in Froschhausen und Hagen beweisen.

Nur sehr langsam verklingt die alte bayerische Farbenfreude, in gedämpftem Rot und Braun, Lila und Grün leuchten die Gewänder, flattern Schürzen und Bänder. Erst um die Wende zum 20. Jahrhundert setzt sich Schwarz als Feiertagsfarbe bei Männern und Frauen durch. Um diese Zeit wird auch die bäuerliche Schnittform fast vollständig aufgegeben. Das Oberteil dieser Kleider aus schwarzer, glänzender Seide ist blusig und hat einen langen schrägen Ausschnitt, der mit Posamentenborte besetzt ist. Darin wird ein Einsatz sichtbar, dessen obere Hälfte mit dem dazugehörigen Stehkragen aus Tüll besteht. Im Rücken hat dieser sog. Spenser eine Mittelnaht, sowie je drei seitliche Teilungsnähte, ähnlich wie beim Dirndl. Ein Schoß »Flietsch«, der gerade geschnitten und rückwärts in zwei Gegenfalten gelegt ist, wird an den Mittelteil des Spensers angeschnitten. Das darunter befindliche kräftige graue Futter ist auf Figur gearbeitet. Während das Vorderteil städtisch ist, zeigt das Rückenteil und Futter den alten Spenserschnitt.

Im Verlauf der nächsten zehn Jahre wurde der spitze Ausschnitt weniger tief, das Vorderteil weniger blusig. Heute ist der Schnitt dem des Dirndls ziemlich angeglichen. Futter und Oberstoff zeigen die gleiche anliegende Form und werden gemeinsam durch eine Knopfreihe verschlossen, die jedoch nicht bis zum unteren Rand reicht. Die Ärmel sind schmal und vorne spitz, mit Spitzchen besetzt. Es hat sich also eine deutliche Wendung von der städtischen Kleidung zum Dirndl vollzogen. Geblieben ist der gerade geschnittene Schoß und der Tülleinsatz mit Stehkragen im viereckigen Ausschnitt. Um das strenge Schwarz aufzuhellen, bindet man eine Seidenschürze mit Spit-

26 Bäuerin in Werktagstracht auf der Ofenbank. Bleistiftzeichnung
    von Enhuber (1811–1867)
    München, Staatliche Graphische Sammlung

27 Ammergauer Tracht. Votivbild um 1800. Unterammergau, Pfarrkirche

28 Bildnis Maria Gistl in Karsedel und Pelzhaube, um 1850.
Weilheim, Museum

29

31 Mädchen und Kind mit Steckkamm. Votivbild 1832. Deutenhausen

Vorhergehende Seiten
29–30 Gastwirt und Stukkator Schelle († 1849) in Wessobrunn mit Frau und Sohn
Weilheim, Museum

32 Bauerntracht nördlich von Weilheim. Votivbild 1831 aus der
Haardtkapelle bei Haunshofen

zenumrandung um, und legt das weiße »Aufbroattuch« mit Fransen um die Schulter. Es wird in der Weilheimer und Murnauer Gegend mit zwei Eichelnadeln ans Kleid gesteckt, der Stoffbruch innen mit Spitze unterlegt. Diese Spitze ist wohl der Überrest eines weißen, spitzenbesetzten Leinentuches, das früher unter das Seidentuch zu dessen Schonung und zum besseren Sitz gelegt wurde. Schwarze Schuhe und Strümpfe und der »Schnurhut« mit goldener Schnur und zwei Quasten gehören zur feiertäglichen Tracht. Bei festlichen Anlässen werden Blumen aufgesteckt. An »halbguaten« = abgeschafften Feiertagen ist das Kleid aus Wolle oder Wollbrokat mit geblümter, farbiger Schürze ohne Tuch. Bei Trauer sind Schürze und Aufbroattuch schwarz.

Die Weilheimer Männertracht im 19. Jahrhundert war schon früh städtisch; man trug lange Hose und kurze Joppe, beide an Festtagen schwarz. Die langen Stoffhosen waren gegen Ende des Jahrhunderts so eng, daß man kaum hinein schlüpfen konnte. Über dem Fuß standen sie in einem starren Spitz weit nach vorne ab. Der Schneider hatte zu diesem Zweck eigens einen steifen, roten Stoff hineingebügelt. Samtwesten mit aufgestickten Blümchen waren um dieselbe Zeit beliebt. Verhältnismäßig oft begegnet man auf Votivbildern grünen Anzügen.

Werdenfelser Tracht
im 19. Jahrhundert

Werdenfelser Männertracht

Zu Beginn des 19. Jahrhunderts fand die alte, eng anliegende Kniehose, die mit langen Lederbändern unterm Knie gebunden wurde, weiterhin Verwendung. Oft wurde sie seitlich mit Steppnähten und drei Silberknöpfen verziert. Diese »Bundhosen« gehörten zur Winter- und Feiertagstracht. Vom Ostermontag bis tief in den Herbst hinein trug der Bauer ohne Rücksicht auf Wetter und Temperatur die »Kurze«, die übers Knie reichte und vor allem von Jägern und Forstleuten geschätzt war. Im Gebirge hielt man zäh an ihr fest, sogar der Einsiedler von Graseck ließ sich um 1850 mit einer »Kurzen« photographieren. Zur Arbeit auf dem Felde diente eine lange Lederhose, die um den Knöchel mit einem Lederriemen festgebunden wurde und an die Dachauer Hosen erinnert. Die »Wiesmahdleut« arbeiteten in der »blow würchan Housn« aus selbstgewebtem starken Stoff. Zum Jäten schlüpften die Frauen mitsamt den Röcken in weite »Jäthosen«, die am Knöchel abschlossen.

Die breiten Hosenträger aus farbigem Filz, häufig rot mit grünem Einfaß, waren meist selbst gemacht. Das gleiche gilt von den breiten Straminträgern, die mit Kreuzstich in verschiedenen Farben bestickt, mit Schnur eingefaßt oder paspoliert und mit Leder unterfüttert wurden. Quer über der Brust mußte ein schmales Lederband oder eine Lederschnur in der Höhe der Schnallen die beiden Träger zusammenhalten. Manchmal liefen schmale, aus Leder gedrehte Bänder unterhalb der Schnallen zur vorderen Mitte, wo die Hose noch einmal festgeknöpft war. Lederne Hosenträger mit Messingfiguren am Steg bewahrt das Museum Partenkirchen.

Ein besonderes Prunkstück war der Bauchgurt, der mit Zinnägeln oder feinster Federkielstickerei und einer schön verzierten Schnalle rückwärts den Stand seines Trägers verriet. Ein großes ovales Lederschild, das reich mit Tier- und Pflanzenmotiven, mit Namen und Jahrzahl bestickt war, konnte vorne abgeknöpft werden. Darunter, im eigentlichen Gurt befand sich die »Wollkatz«, der Behälter für das Bargeld, der mit Lederbändern verschnürt war. Ohne den Gurt abzulegen, konnten die Gulden aus dem schlauchförmigen Beutel entnommen werden, der durch das bestickte Schild den Blikken verborgen war. Je nach dem Stand des Trägers war die Gürtelschließe aus Silber oder Messing und handverziert. Der arme Knecht freilich mußte sich mit einer einfachen, unverzierten Schließe zufriedengeben.

Unter dem Rock wurde früher immer eine kurze Weste aus Plüsch, Seide oder Baumwollstoff getragen (»Leible«). Sie war zweireihig mit Silbermünzen besetzt, die teilweise sogar schindelartig übereinander lagen, um den Reichtum des Besitzers offenkundig zu machen. Einfache Knöpfe fanden sich am Werktagsgewand und bei den »armen Tröpfen«. Die oberen Ecken der Weste waren umgeschlagen und bildeten eine Art Revers. Der kleine Stehkragen war der Rest des Biedermeierkragens. Aus dem »Leibletaschel« hing der »Schariwari«, bestehend aus zwei kurzen Ketten mit Petschaft, silbergefaßter Koralle und mancherlei Standesabzeichen, wie Pferdestriegel oder Hirschgrandl. Die silberne Sackuhr mußte mit einem Uhrschlüssel aufgezogen werden, der, wie alles zu jener Zeit, aufs Liebevollste ausgestaltet war und ebenfalls mit verschiedenen Abzeichen auf den Stand des Trägers hindeutete. Die langen Uhrketten, die quer über den Bauch hingen, kamen erst um 1900 auf. Um diese Zeit erhielt die Weste ihren modischen Schalkragen.

Zu feierlichen Anlässen erschien der Bauer mit dem »Frack«, einem langen dunklen Rock mit kurzer Taille, der rückwärts in tiefen Falten übereinanderlag, vorn gerade geschnitten war und Weste und Bauchgurt sehen ließ. Ein mächtiger, ebenfalls dunkelblauer Mantel mit einer Schulterpelerine, der Kirchen- oder »Bruderschaftsmantel« (Oberammergau) diente als Feststaat bei Prozessionen und Leichenbegängnissen. Am Sonntagnachmittag oder im Wirtshaus mußte dieser lange Rock einer kurzen Joppe weichen, die aus Samt oder Wollstoff gefertigt und mit gleichfarbiger breiter Wollitze eingefaßt war. Blaue oder grüne kurze Joppen, schwarz eingefaßt, hießen in Garmisch Schoapen, in Partenkirchen, im Museum in Braun oder Schwarz aufbewahrt, Janker. Eine besondere Eigenart der Mittenwalder war ein kurzer »Steppjanker« aus blau-weiß bedrucktem Baumwollstoff, der mit einer dünnen Schicht Schafwolle gefüttert war. Die Vorderseite wurde in Karos, die Rückseite in fächerförmigen Nähten abgesteppt. Sie stammen aus der Leutasch, wo sie in der Farbstellung rot-schwarz üblich waren, kommen aber auch im Schwarzwald vor, wo man ebenfalls Lasten auf dem Rücken befördern mußte. Immer war der schafwollene gestrickte Janker beliebt.

Eine eigenartige, heute noch benützte Form der Werktagsjoppe ist die »eingesetzte Joppen« oder der »Ärmeljanker«. In der gewöhnlichen Form wird die Joppe mit Revers und Stehkragen aus Lodenstoff geschnitten, die Ärmel aber sind aus Schafwolle gestrickt. So können sie leicht ersetzt werden, und die Lebensdauer der Joppe verlängert sich.

Seit etwa 1870 erschien die dunkelgraue »Werdenfelser Joppe« mit breitem grünen Einfaß und Stehkragen, doppelreihiger, dunkler Weste, langer Hose und rundem Hut, der seitlich stark aufgebogen wurde.

Die weißen Hemden aus derbem, selbstgewebtem und -gesponnenem Leinen hatten einen Kragen, unter dem zwei Knopflöcher angebracht waren. Zwei »Hemmatknöpf« mit einer kurzen Kette verbunden, manchmal mit Glassteinen verziert, schlossen das Hemd am Hals. Unter dem Kragen lag ein buntes Seidentuch, das die Flößer von Wien mitbrachten. Der »Tüchelring«, ein glatter oder mit Hirschgrandln verzierter halbrunder Reif, manchmal auch der Ehering oder ein ledergeflochtener Ring, wie er für die HJ-Uniform als Vorbild gedient hat, hält das Tüchl am Hals zusammen. Später wurde ein blaues

Halstücherl in zwei Knöpfe gebunden und die Enden unter die Hosenträger geschoben. »Den rechten Werdenfelser Knopf kann ja heut niemand mehr machen.«

Weiße oder blaue Baumwollstrümpfe (»Wadelstrümpfe«), fein gestrickt — es waren 190 Maschen in der Runde — mit kunstvollen Mustern am umgeschlagenen Rand und an den Beinlängen gehörten zur Feiertagstracht. An Werktagen staken die Beine in derben grauen oder grünen Schafwollstrümpfen und geschnürten Stiefeln. Zur kurzen Hose gehörten die »Pföseln«, graue Wollstrümpfe mit grünen Reifen ohne Vorfuß, die über dem Knöchel endeten. Statt gestrickter Strümpfe wurden auch solche aus Stoff getragen, die vom Knie bis zum Knöchel reichten — eine Weiterführung älteren Brauches. Die »Unterländler« um Ohlstatt benützten im Schuh Socken, d. h. Vorfüße mit schmalem grünem Rand.

Die enge Verbindung des Werdenfelser Landes mit Tirol kommt besonders deutlich bei den Hüten zur Geltung. Als dort im ersten Jahrzehnt des 19. Jahrhunderts die hohen »Speckbacherhüte« erschienen, wurden sie unter dem Namen Stopselhut übernommen. Sie zeigen eine kleine Krempe, unten mit fein plissierter Seide gefüttert, einen hohen, fast spitz zulaufenden Gupf »mit silberner oder goldener Schnur und darüber, in der Mitte des Gupfes, ein drei Finger breites Band mit einer großen Schnalle von Filigran-Silberarbeit, die Band-Enden hängen etwas hinab und meist stecken Blumen neben der Schnalle«. So beschreibt Lentner das »Spitzhütel der Buben«. Die Alten befestigten »ein Band mit Schnallen um die Mitte des Hutes« (um 1850). Auch das Goaßbubenhütl im Werdenfelser Land verrät mit seinem Namen »Tuxer Hut« die Herkunft aus Tirol, und der weite Scheibenhut [48], der um 1800 in Garmisch üblich war, kommt ebenfalls daher. Jäger benützten vor allem den Lodenhut.

Der grüne »Werdenfelser« Plüschhut, der 1896, bei der Gründung des Garmischer Trachtenvereins mit breitem grünen Band eingefaßt war, ist auch heute noch der allgemein übliche Trachtenhut, dem später der »Dreher« mit etwas größerem, kreisrundem Rand folgte. Beim Aufsetzen ergibt sich durch den Druck an den Kopf von selbst eine leichte Biegung, die ihm eine schöne, geschwungene Linie verleiht. Nach bestandener Musterung liegt die Spielhahnfeder vorn auf der Krempe, während rückwärts ein Gamsbart aufragt. Die Spielhahnfedern, auch »Schnoader« genannt, geben Zeugnis von der Schneid ihres Besitzers. So viele Federn ein Bursch auf dem Hut trägt, mit so viel Mann nimmt er's auf. Wenn zwei oder vier Federn ihre Krümmungen zueinander kehren, bedeutet das die Herausforderung zu einer Rauferei. Die schlimmste Schande, die ihm widerfahren kann, ist der Verlust dieser Federn. Nur eine neue Rauferei vermag sie zu tilgen. Auch das Ergebnis der Musterung wurde durch bunte Bänder am Hut öffentlich bekannt gegeben: zwei rote bedeuten tauglich, zwei blaue: militärfrei, rot und blau: zurückgestellt.

70 Einige Trutzlieder der Mittenwalder Burschen handeln von den Federn am Hut:

»Meine Federn stehn fest,
wia de buchsbamen Äst,
wer die Federn will ham,
muaß Schläg davon tragn.«

Hintaufi Federn und vornaufi Pflam (Flaum),
Den mecht i kenna, der mirs aba nahm.« [49]

Zur Bräutigamstracht gehört der »Kastorer«, ein schwarzer runder Hut mit mittelhohem Gupf, der mit einem roten und einem goldenen Band und einer prächtigen Filigranschnalle verziert ist (Werdenfelser Museum), ein Überbleibsel der internationalen Mode des 19. Jahrhunderts.
Die ausgeprägte Eigenständigkeit des Werdenfelser Landes drückt sich auch heute noch in unterschiedlichen Benennungen und Bräuchen aus. Die Mittenwalder Geigenmacher benützen ein Käppchen aus dunkelgrünem und schwarzem Filz mit besticktem Boden und zwei seitlich herabhängenden Quasten. Früher waren sie gehäkelt, und in dieser Form kannte man sie auch in Partenkirchen, wo sie unter dem Namen »Leutascher Kappeln« allgemein benützt wurden. Nicht so in Garmisch. Dort war es das Standesabzeichen der Faßmacher und Schindelschneider und ihnen allein zu tragen erlaubt. Bei den Oberammergauern dagegen heißt es »Barettli«, hat einen doppelten Rand und ist wie in der Leutasch, woher es zu kommen scheint, schwarz-rot. Es wird über eine Schnur gehäkelt, wodurch Rillen entstehen und das Ganze mehr Halt bekommt, der flache Boden mit Sternmustern verziert und auch heute in der Schnitzwerkstatt und im Wirtshaus gern benützt. In anderen Orten kommt es nur vereinzelt vor.

Die Werdenfelser Schützenkompagnie

Solange Werdenfels unter freisingischer Herrschaft war, bestand dort keine militärische Organisation. Die unruhigen Zeiten nach der französischen Revolution waren der Anlaß, daß 1807 in den Orten Garmisch, Mittenwald und Partenkirchen je eine Schützenkompagnie aufgestellt wurde. Dieses Bürgermilitär hatte nur für die Ordnung und Sicherheit im Heimatort zu sorgen. Die Uniform bestand aus einer grauen, enganliegenden Hose, schwarzen, seitlich geknöpften Gamaschen bis zum Knie, einem dunkelgrünen frackartigen Rock mit langen Schößen (Schwalbenschwänzen), hellblauem Vorstoß an Kragen und Ärmelaufschlägen, schwarzer Halsbinde und einem Dreispitz mit grünem Federbusch und weißblauer Nationalkokarde. Lange Zöpfe durften nun nicht mehr getragen werden, wenn ein Bürgersoldat noch einen Zopf trug, mußte dieser mit einem Kamm auf dem Scheitel so befestigt werden, daß er nicht sichtbar war. 1814 bestimmte der König als Uniform für die Nationalgarde 3. Klasse, zu der auch das Bürgermilitär gehörte, einen hellblauen Rock mit Schößen bis zum Knie, gleichfarbige, lange, weite Beinkleider und einen schwarzen Zylinder mit Nationalkokarde. Die Gamaschen wurden abgeschafft.

1826 trat an die Stelle des Zylinders der Tschako von schwarzem Filz. Dieser Tschako fand bisweilen nach der Auflösung des Bürgermilitärs eine weniger kriegerische Verwendung: Die Buben benützten ihn als Starenhäuschen.

1854 wurden die Landschützenkompagnien in Mittenwald und Partenkirchen, 1870 in Garmisch aufgelöst.

Gebirgsschützencorps

Als die bayerische Regierung 1805 einen Einfall der Tiroler befürchtete, wurde in den Landgerichten Fischbach, Aibling, Miesbach, Tölz, Weilheim, Schongau und Werdenfels ein Gebirgsschützencorps aufgestellt. Die Unruhen von 1836 und vielleicht auch der Trachtenzug beim ersten Oktoberfest 1835, bei dem die Gebirgsschützen mitmarschierten, mögen Ludwig I. veranlaßt haben, die bayerischen Gebirgsschützen weiter zu erhalten. »Uniform war die im Hochland übliche Tracht: Hut mit niederem Gupf und breitem Rand, die Krempe ist aufgeschlagen. Die bayerische Kokarde und ein Gamsbart oder Spielhahnfedern schmücken den Hut. Dazu kamen die grauen Joppen mit grünem Kragen und ebensolchen Aufschlägen, am Arm eine weißblaue Binde, ein schwarzes, leicht geschwungenes Halstuch, grüne Hosenträger auf der Brust mit Querband über einem roten Leibstückl, kurze schwarze, grün ausgenähte Lederhosen, weißwollene, grün verzierte Strümpfe (sog. Beinhöseln), welche vom Fußknöchel bis über die Wade gehen, im Winter ganze Strümpfe und stark genagelte Bergschuhe.« [50]

Diese Uniformen sind für die Trachtengeschichte deshalb wichtig, weil sie die Entwicklung der Männerkleidung entscheidend beeinflußt haben. Lange Hose, Dreispitz, hellblaue Beinkleider und Röcke — das alles findet sich häufig in den Votivbildern jener Zeit und ist als Uniform zu erklären. Da jeder seine »Montur« selbst beschaffen mußte, konnte er sie auch nach der Dienstzeit noch tragen.

Andererseits aber ist der Einfluß der Tracht auf die Kleidung der Gebirgsschützen deutlich. Ihnen ist es zum großen Teil zu verdanken, daß sich die alte Jägertracht [51], vor

33 Werdenfelser Bauern, der jüngere in Jägertracht, der ältere mit pelzbesetzter Bägelhaube. Aquarell von Eugen Napoleon Neureuther,, Staatliche Graphische Sammlung

34
Tiroler Schützen
in Werdenfels.
Votivbild 1801, Ausschnitt
Partenkirchen,
St. Anton

35
Jäger von Grainau,
Lorenz Quaglio,
1830
München,
Staatliche
Graphische Sammlung

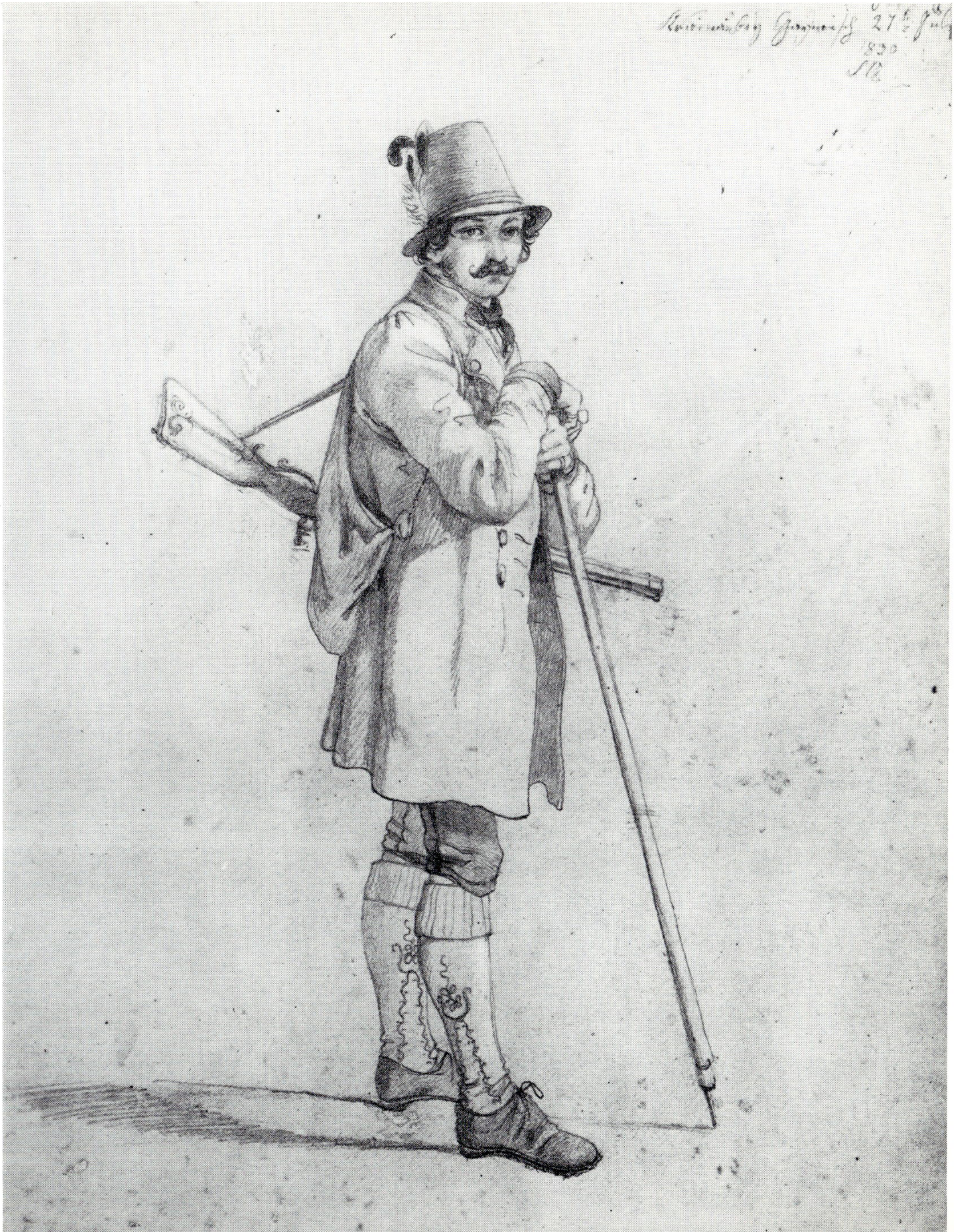

36
Vorstehende Seite:
E. N. Neureuther
Zwei Partenkirchener
Frauen im Kittelmieder
mit Goller und
Floderärmeln (links)
und Seidenjopperl
(rechts), der Kopf
mit dem »Braml«
bedeckt

37
E. N. Neureuther
Mittenwalder Mädchen
mit gestreifter Schürze
(Fürtuch)

38 Hochzeitstracht in Werdenfels. Goldgesticktes Mieder 1830.
Werdenfelser Museum

Folgende Seiten:
39—40 Mädchenkranln mit Haarpfeilen und Hochzeitskrone aus Werdenfels,
19. Jahrhundert. Werdenfelser Museum
41—42 Kastorer mit Filigranschnalle. Hochzeitstracht, 19. Jahrhundert.
Bauchgurt mit abknöpfbarem Schild. Federkielstickerei, 19. Jahrhundert.
Werdenfelser Museum

allem die kurze Hose, durch das 19. Jahrhundert gerettet hat, bis an seinem Ende die Trachtenvereine diese Aufgabe übernahmen.

1952 wurde die *Schützenkompagnie Garmisch* aus Mitgliedern des Garmischer Volkstrachtenvereins neu gegründet.

Uniformierung:

Dunkelgrüne Joppe, lederne schwarze Bundhose, rote Hosenträger, weiße Strümpfe, grüner Stopselhut, als Band goldene Kordel und weißblaue Kokarde, beliebiges Seidentücherl. Außerdem wird in Garmisch zur Uniform ein gesticktes Leibl getragen. Für Schießleistungen gibt es die Schützenschnur: silbern mit grünen, silbernen und goldenen Eicheln.

Offiziere: Degen, Schützen: Hinterlader.

Die *Schützenkompagnie Partenkirchen* wurde 1926 auf Betreiben des »Silberer Toni«, Anton Simon, neu gegründet. Auch hier rekrutiert sich der Stamm aus Mitgliedern des Volkstrachtenvereins »Werdenfelser Heimat« in Partenkirchen.

Uniformierung:

Dunkelblaue Joppe, schwarze lederne Bundhose, rote Hosenträger mit grünem Paspol, weiße Strümpfe, schwarzer Stopselhut mit grünem Band. Die Offiziere haben statt des Bandes eine silberne und goldene Schnur mit Quaste, weißblaue Kokarde, schwarzes Seidenhalstuch. Für Schießleistungen weißblaue Schnur mit silbernen und goldenen Eicheln.

Offiziere: Degen, Schützen: Gewehre.

Die *Schützenkompagnie Mittenwald* wurde 1956 durch Mitglieder der Schützengesellschaft Mittenwald gegründet.

Uniformierung:

Kräftig blaue Joppe, schwarze lederne Bundhose, Hosenträger rot mit grüner Paspolierung, Strümpfe blau, Stopselhut schwarz mit rotem Hutband und weiß-blauer Kokarde, Tücherl rot mit weißen Streifen. Für Schießleistungen weißblaue Schnur mit grünen, silbernen und goldenen Eicheln.

Offiziere: Degen, Schützen: Gewehre.

Die Rangabzeichen sind überall silberne und goldene Borten am Kragen.

Die Schützenkompagnien sind heute Schützengesellschaften. Sie treten in die Öffentlichkeit bei Festzügen und bei der Fronleichnamsprozession, wobei sie freilich eine alte Tradition fortführen, da das Bürgermilitär nach einer Verordnung vom 3. August 1809 das Fronleichnamsfest besonders verherrlichen sollte [52].

Trachtensymbolik

Viel mehr als heute kennzeichnete die Tracht früher die soziale Stellung ihres Trägers. Das bezieht sich nicht nur auf die Münzen, die statt der Knöpfe zur Verzierung und zum Verschluß dienten und dem Bauern Gelegenheit gaben, mit seinem Reichtum zu »protzen«, sondern reicht in Bezirke, die uns heute nicht mehr geläufig sind.

Es begann mit dem Material der Hose, das beim reichen Bauern Leder war, indes der arme Knecht es nur zu einer Stoffhose brachte, aus der später die Knie hervorschauten. Die Arbeiter aber liefen barfuß durch die Straßen mit einer »wurchenen« Hose, zu mehr reichte es nicht.

Nicht nur am Rock, auch am roten Leible stellten die Wohlhabenden mit zwei Reihen Silberknöpfen, die bisweilen noch dachziegelartig übereinanderlagen, ihren Reichtum zur Schau, während die Armen mit billigen Metallknöpfen oder noch einfacherem Material vorlieb nahmen.

Der lederne Bauchgurt, der zur Aufbewahrung der Barschaft diente, verriet durch seine Breite, durch die Ausführung der Federkielstickerei und vor allem durch die Größe und Verzierung der Gürtelschnalle die soziale Stellung seines Besitzers. Von weitem schon konnte man erkennen, mit wem man es zu tun hatte.

Wer aber den Beruf erfahren wollte, der brauchte nur einen Blick auf den Schariwari zu werfen. Holzer, Jäger und Wilderer hatten an der Uhrkette Adlerkrallen und Mardergebiß, Hirschgrandeln und Kümmerer (kleines Rehgewicht) hängen. Das silberne Pferd verriet den Schmied, Kuh oder Öchslein den Bauern. Auch am Uhrschlüssel verwendete man die Standesabzeichen als Schmuckmotive: für den Bauern einen Pflug, für den Schäffler das Schaff.

Von weitem war es schon der Hutschmuck, der den Mann auswies. Der Bauer prunkte mit der Goldschnur, seine Söhne mit einer silbernen, wer aber kein Bauer war, mußte sich mit der grünen begnügen. Auch beim »Kastorer«, dem runden niederen Hut kennzeichneten sich die Stände durch goldene, silberne oder grüne Bänder. Heutzutage sind es die Hauptleute der Schützenkompagnien, die sich durch goldene Schnüre und Quasten und eine doppelte Spielhahnfeder vom gewöhnlichen Schützen unterscheiden. Aber ist es nicht auch jetzt noch so, daß ein schöner Gamsbart, der seine 1000 Mark kostet, einen Rückschluß auf die Finanzkraft seines Besitzers erlaubt? Durch die Farbe des »Schoapens«, der kurzen Joppe, unterschieden sich die vier Bataillone der Partenkirchener, Garmischer, Mittenwalder, Krünner und Wallgauer Schützen voneinander. Dazu kamen noch besondere Strumpffarben (Garmisch-Partenkirchen weiß, Mittenwald blau), und mit einem Blick war die Herkunft offenbar. Die Trachtenvereine haben daran festgehalten, in dem sie jedem Trachtengau seine Farbe zuwiesen.

Daß sich auch der Reichtum der Bäuerinnen in der goldenen Hutschnur, in der Größe der Florschnalle oder Silberkette, des Geschnürs und des Steckers kundtat, versteht sich von selbst. Auch die reiche Stickerei am Futter des Hutrandes und am Bramlaboden deutete auf Wohlhabenheit hin.

Viel mehr als heute lebte man früher in der Öffentlichkeit, gab sich zu erkennen, und die Tracht brachte mit ihren kleinen Zutaten die Standeszugehörigkeit und die soziale Stellung sichtbar zum Ausdruck.

Werdenfelser Frauentracht

Der Reiz des späten Rokoko liegt über der Frauentracht, die uns aus Neureuthers Aquarellen entgegentritt. Kinder, junge Mädchen und Frauen trugen dieses anmutige Gewand, das »Kittelmieder« genannt wurde.

Kostbarer Goldbrokat oder Seide war das Material des kurzen Mieders, dessen Vorderteil in einem breiten Spitz unter die Schürze reichte. Seine Ränder waren mit farbigen Seidenbändern besetzt, und den Rücken zierte vierfache Goldborte. Ihre Anordnung gehört zu den feinen Unterschieden, mit denen sich die einzelnen Dorfschaften kennzeichneten: In Partenkirchen bogen sich die beiden äußeren Borten am rückwärtigen Halsausschnitt nach unten und endeten mit einer geraden Kante. In Mittenwald wurden sie noch einmal nach oben umgelegt und verschwanden unter der Bandeinfassung am Armausschnitt. Goldborten verzierten auch die schrägen Vorderkanten und den oberen Rand des Brustflecks. Während er früher ganz unauffällig aus dem gleichen Stoff wie das Mieder geschnitten wurde, gehörte er nun zu den besonderen Prunkstücken der Tracht, wurde versteift, mit schimmerndem Goldbrokat oder Seide besetzt und mit einem farbigen Band unter das Mieder geschnürt.

Der schwarze lange Wollrock wurde in kleine Stehfalten gelegt und Falte für Falte an das Mieder angenäht. Bei der großen Weite von 5—7 m war man bedacht, den teuren Stoff möglichst zu sparen, indem man unter die Schürze einen Bauchfleck aus billigem Material einsetzte. Den reich gereihten Seidenschurz aus zwei Bahnen zartfarbiger, klein gemusterter oder gestreifter Seide — in Mittenwald Pongeseide — band man vorn mit doppelten Bändern aus dem gleichen Stoff. Auch feiner Wollmusselin oder Baumwolle (zur Schützentracht) fand dazu Verwendung. Immer endete der Schurz 2 cm über dem Rocksaum. In Mittenwald schloß er werktags rückwärts so eng zusammen, daß der Rock nur mehr handbreit zu sehen war.

Unter dem Kittelmieder wurden weiße Ärmel aus mittelstarkem Leinen oder Waffel-piqué sichtbar. Während dieses Kleidungsstück überall sonst »Halskittel« heißt, nennt es der Werdenfelser »Floderärmel«.

Unverkennbar ist seine Herkunft aus dem Rokoko. Der ovale Halsausschnitt, der drei-viertellange Ärmel mit einem kleinen Schlitz und der breiten angereihten Klöppel-spitze an Ärmelkante und -schlitz sind außerordentlich malerisch. Von diesen flattern-den Spitzen am Ärmel hat das Kleidungsstück wohl auch seinen Namen erhalten. Zur Hochzeit war es aus farbiger Seide und am Ärmelrand mit handgearbeiteten Verzierun-gen aus dem gleichen Stoff und Valenciennespitzen eingefaßt.

Auch der weiße Goller aus zartem Gewebe (Tupfenmull) zeigt den ovalen Halsaus-schnitt der Rokokotracht. Seine Ränder sind überall mit Valenciennespitzen besetzt, nur die Seitenkanten bleiben glatt. Drei unsichtbare Haken bilden den vorderen Ver-schluß. An den vier Ecken werden kleine Silberringe befestigt, durch die eine Silberkette von etwa 1 m Länge gezogen wird. Sie führt unter den Armen durch und wird in kleinen Bögen vorne in der Mitte des Brustflecks festgesteckt. An den Kettenenden hängen die »Gollerbollen«, oft aus prächtiger Filigranarbeit ungleich lang herunter. Als Hals-schmuck diente der schwarze Halsflor aus Seidencrepon, der mit einer großen Flor-schnalle verschlossen wurde.

Die Überjacke (»Seidenjopperl«) war ein sehr kurzes Jäckchen, das wie das Mieder mit versteiftem Spitz weit über den Schürzenbund hinabreichte. Der weite Ausschnitt, der untere Jäckchenrand und die Ärmelkanten waren mit breitem Seidenband, auch Rosen-band eingefaßt. Um den schönen Stecker sehen zu lassen, wurde es offen getragen, nur oben und unten mit Piquotbändern gebunden. Der Ärmelschnitt war der gleiche wie der des Floderärmels ohne Spitzenbesatz, da die Spitzen der weißen Floderärmel dar-unter hervorschauten. Wenn die Seide nicht schon gemustert war, wurde sie mit Hand zu kleinen Mustern abgesteppt, eine außerordentlich mühevolle, feine Arbeit.

Im Winter trug man ein großes, schön gemustertes Wolltuch (türkisches Palmblattmu-ster) um die Schulter.

Kopfbedeckung zum Kittelmieder

Kinder und Jungfrauen dürfen ein ovales Krönchen, »Krönl«, aus Filigran, Perlen und Steinen aufs Haar setzen, das als Gretelfrisur oder Knoten aufgesteckt wird. Der lange, silberne, oft schön verzierte Spieß hält es fest.

Zur Hochzeit
trägt die Braut eine runde, hohe Brautkrone aus Silberbouillon mit roten und blauen Steinen (Liebe und Treue) und reich verzierten Ohrenklappen, die mit roten Bändern

rückwärts festgebunden wird (Museum Partenkirchen). Die Braut geht mit Gebetbuch und Rosenkranz zur Trauung.

Frauen setzen das »Braml« auf, eine halbkugelförmige Haube, deren Boden, »Bodn«, aus geblumtem Gold- oder Seidenbrokat besteht, der mit einer gekreuzten Seidenkordel geschmückt ist. Den Namen hat diese Haube von der Pelzverbrämung aus Otterfell, die ihren unteren Rand bildet. Bramlas mit rotem Boden wurden auch von Männern benützt (St. Anton, Partenkirchen und Neureuther).

Daß das »Bramla« schon in der zweiten Hälfte des 18. Jahrhunderts bekannt war, bezeugt ein anonymes Flugblatt auf die Bauernhochzeit vom 10. Januar 1765, wo bei einer Faschingsveranstaltung »Ihro Durchlaucht, die Kurfürstin von Baiern« in Bauerntracht mit dem Bram auf einem Wagen sitzt.

Zum Vergleich seien die Schilderungen Lentners um 1850 angeführt [53]. »Beim Prangen, dem kirchlichen Jungfernaufputz am Fronleichnamstag ist eine weiße Schürze mit rotem Band, ein weißes Goller und Ärmel, ein roter Rock und ein rosa Einstecktuch unerläßlich. Allgemeine Kopfbedeckung ist die Pelzhaube mit leichtem Einbug nach dem Bödchen; in der Stallau sind die Bandlhüte gebräuchlich mit hohen Schnallen, auch grüne Bänder auf schwarzen Hüten. Im Garmischgau einzelne Berghüte.«

»Besonders malerisch war die damalige Brautkleidung, deren noch einige in den Schränken ehrbarer Bauersfrauen bewahrt liegen. Die Braut erschien in blauem Mieder, Brustfleck und Schnürriemen ebenfalls blau; lichtrote Ärmel und das Goller hatten ihren Spitzenbesatz, letzteres blaue Bindbänder, den Hals umschlang der Flor mit silberner Schnalle, Rock und Schürze waren von schwarzer Wolle, letztere mit Spitzen garniert. Zur Kirche ward eine schwarze Überjoppe mit Seidenband besetzt angezogen; an der Brust blieb sie offen; um die Mitte schloß sie eine blaue Schleife. Auf dem zurückgestrichenen Haare lag der hohe Kranz mit blauer Bandzierde [54], die auch den abhängenden Zöpfen eingeflochten ward. Als Kranztrachten bei Hochzeiten wählen Braut und Jungfern ein goldreiches »Kranzl« mit Perlen und Flitter, über demselben ein feineres Kränzchen von kleinen künstlichen Blumen, beide festgehalten durch eine Nadel, an welcher bisweilen rote Schleifen hängen.«

Dieser Bericht Lentners macht die altertümlichen Züge der Brauttracht deutlich. Das ernste Schwarz war seit 1600 Kirchentracht, die hohe Brautkrone mit Ohrenklappen stammt der Form nach aus dem Mittelalter, ebenso wie zwei lange Zöpfe aus roter Atlasseide, die auf dem Speicher eines Partenkirchener Hauses gefunden wurden.

Auch später noch fertigte man das Hochzeitsgewand aus schwerer schwarzer, in sich gemusterter Seide. Man band gerne eine rosa Schürze dazu um, die mit schwarzen Spitzen besetzt war. Das rosa Moiréband wurde links seitlich gebunden. Der Myrthenkranz war vorne sehr hoch und rückwärts schmäler. Fiel die Hochzeit nach einem Todesfall in der Familie, war die Schürze schwarz wie das Sträußchen auf dem Schnurhut.

Das »*Karsettl*« wurde im Werdenfelser Land seit dem 19. Jahrhundert aus schwerer Seide in dunklen, rot-lila und braunen Tönen mit eingewebten kleinen Mustern gearbeitet. Außerordentlich altertümlich war der Zuschnitt des Oberteiles. Unter dem Arm lag der Stoff fadengerade, so daß sich in der vorderen und hinteren Mitte ein schräger Schnitt ergab. Abnäher waren nicht nötig, da sich der Stoff gut nach der Figur legte. Jeder Schnitteil wurde für sich versäubert und übereinandergenäht. Der tiefe, im Rücken meist spitze Halsausschnitt stieg wie beim Münchner Mieder vorn bogenförmig hoch und war reich verziert. Mit dem gleichen Stoff wurden Schnüre überzogen und zu phantasievollen Mustern gelegt. Posamentenborten, Perlen und gereihte Bänder dienten als Schmuck. In breiter Bordüre zogen sich diese Rüschen und Fältchen um den Halsausschnitt, in dem ein buntes Seidentuch mit Fransen steckte, das meist aus Wien kam. In der Taille war ein schmales Schößerl angesetzt, das in der hinteren Mitte zum versteiften »Hahnenkamm« in Falten gelegt war. Vorn ließ das abgerundete Schößerl eine schmale Lücke frei, in der die Schürzenschleife gebunden wurde. Der Vorderschluß mit Haken und handgearbeiteten Ösen war durch ein angefügtes Seitenteil verdeckt. Das ganze Karsettl war auf handgesponnenes und -gewebtes Leinen gearbeitet und mit Stäbchen versteift.

Die alte Ärmelform war der »Schinkenärmel«, der aus der Stadttracht im ersten Drittel des 19. Jahrhunderts übernommen wurde. An der Kugel war er sehr weit geschnitten, in drei Reihen fest eingereiht und mit einem Paspol eingesetzt. Vom Ellenbogen an wurde der Ärmel anliegend und schloß am Handgelenk eng mit spitzenbesetzter Kante. Der gefütterte Ärmel wurde durch eine Lage Schafwolle zum Stehen gebracht.

Im Lauf des 19. Jahrhunderts veränderten sich die Ärmel. Die Weite des Oberarmes wurde durch drei Reihlinien im Abstand von 3 cm niedergehalten und lag oben an. Der darunter aufspringende Ärmel war nicht mehr so weit wie früher. Schließlich ging man zum Kappärmel über, dessen oberer glatter Ärmelteil mit Reihlinien, Posamenten und Borten verziert war. Erst 10 cm unter der Kugel sprang er in Reihfalten auf. Beispiele für diese Entwicklung finden sich im Mittenwalder Museum.

Der gefütterte Rock war mit dem Oberteil zusammengenäht, drei Bahnen breit und trug am Saum einen breiten Samtbandbesatz.

Die Seidenschürze stimmte in der Farbe gut zum Farbton des Kleides, sie wurde aus Bändern von doppelter gleicher Seide beim »Mittern Gwand« mit Moirébändern vorne gebunden. Zusammen mit dem »Karsettl Tüachla«, das hinten im Ausschnitt in schönen Falten befestigt wurde und mit einer Festonspitze unterlegt war, ergab sich ein prächtiger Farbdreiklang, der aber stets gedämpft war und gebrochene Farben bevorzugte. Freilich waren die Gewänder auch auf das Alter ihrer Trägerinnen abgestimmt: junge Frauen bevorzugten hellere, alte zurückhaltende Farbtöne.

78 Als Kopfbedeckung verwendeten die Frauen die hohe Otterkappe, eine aus zwei Fellen

gearbeitete Haube mit einem goldenen »Böderl« dazwischen, einer aus Goldbouillon gearbeiteten Stickerei. In Mittenwald war die Otterhaube stets niederer als in Garmisch-Partenkirchen. 1861 kostete sie nicht weniger als hundert Gulden[54]. Heutzutage trägt man auch die Riegelhaube, die aber niemals zur bäuerlichen Tracht gehörte. Der Halsschmuck war eine mehrreihige Silberkette mit schöner verzierter Schließe. Als winterliche Überkleidung diente »d'Joppn«, die leicht tailliert »in Furm g'arwat« war. Sie war in der Farbe des Rockes mit Perlborten eingefaßt und mit Hafteln verschlossen. In Mittenwald war die Joppe an Werktagen aus braunem oder grauem Loden mit grünen Litzen eingefaßt und ziemlich weit geschnitten. Der Rücken bestand wie ein Spenser aus sieben Teilen.

Die Mittenwalder Karsettl waren im Schnitt ähnlich, unterschieden sich aber durch einen weniger tiefen Ausschnitt von den in Garmisch-Partenkirchen üblichen. Die Verzierungen am Ausschnitt waren sehr zierlich, die andersfarbige Endkante der Seide bildete den äußeren Rand der umgelegten Falten. Tütenrüschen, dreifach gezogene Streifen und viel Posamenten bildeten den Schmuck. Das Material war Wollbrokat, Seidenbrokat, Wollüster mit eingewebten kleinen Mustern.

Das Karsettltüachla war in Mittenwald meist grau oder grünlich mit eingewebten farbigen Blumen. Auch hier wurde es innen am Karsettl befestigt und vorn in den Ausschnitt gesteckt.

Zum Seidenkleid aus dunkler Farbe trug man um 1830–40 ein schwarzes, reich mit Gold gesticktes Mieder mit silbernen Haken, aber ohne Geschnür (Hochzeitstracht im Werdenfelser Museum).

Reichere Frauen besaßen neben dem Karsedel ein zweites »Guates Gwand« mit reich verzierten Kappärmeln, niederem Stehkrägelchen am Oberteil und mehrfach gereihtem, gefüttertem Rock. Das Seidentuch mit eingewebtem Blumenmuster wurde unter der Brust mit einer schönen Brosche am Kleid festgesteckt (bis 1900). Gegen Ende des Jahrhunderts vereinfachte sich die Tracht mehr und mehr. Zwar waren die Kappärmel in alter Art sehr schön gearbeitet, aber der Halsausschnitt war rund und ohne jede Verzierung, denn er wurde durch einen weißen »Fürsteck« verdeckt, der in Querfältchen gelegt und mit Feston waagrecht verziert war. Früher reichte er sehr hoch zum Hals und war mit einem Bündchen versehen, über dem die Kette getragen wurde (Mittenwald). Später wurde der Auschnitt größer. Das große seidene »Aufbroattuch« mit Fransen in der Farbe der Schürze lag über den Schultern und verdeckte die Kanten des »Fürsteck«. Dieser wird vom Hals abwärts mit 3–4 Broschen in kleinen Abständen festgesteckt, die unterste hält auch das Seidentuch über der Schürze fest. Die Broschen sollen dieselben Schmucksteine haben wie die Schließe der Halskette.

Zu diesem heute noch gebräuchlichen Festkleid gehört der »Schnurhut«. Er gleicht dem

Miesbacher Stopselhut, ist aber nicht rund sondern oval. Die Krempe ist leicht nach oben gebogen und auf der Unterseite gefüttert und gestickt oder mit Goldborte verziert. Der kleine Kopf verjüngt sich nach oben und wird mit einer goldenen oder silbernen Schnur umwickelt, die zuletzt in vier Bögen aufgesteckt wird. Sie endet in 2—3 Schleifen, an denen die schweren Quasten über den Hutrand herabhängen. Ein buntes Blumensträußchen, bei Trauer ein schwarzes, wird daran befestigt.

Hemd

Beim kurzärmeligen Frauenhemd aus Leinen bestand die untere Hälfte, der »Unterstock«, meist aus derbem Leinwerch oder Rupfen und war so rauh, daß sich die Haut an der Gürtellinie oft entzündete. Als Saum wurde die Webkante verwendet. Rechts und links vom vorderen Schlitz war es in kleine Fältchen gelegt und mit einem Knopf verschlossen. Es war fast so lang wie der Rock.

Untergewand, »Leibegwand«, »Unterkittlleiberl«

Das Leibchen aus gemustertem Baumwollstoff mit rundem Halsausschnitt wurde vorn mit Knöpfen verschlossen. Der andersfarbige Rock war angenäht. Er bestand meist aus kariertem rotem oder rosa Flanell mit Samtbandverzierung am Saum oder hochrotem Flanell mit reicher schwarzer Stickerei. Dieses Untergewand, die Urform des Dirndls, war mit einer blauen Schürze das eigentliche Arbeitsgewand. Darüber trug man ein zweiteiliges Werktagsgewand in Spenserform, das zum Heuen ausgezogen wurde.

Strümpfe

An Festtagen holte man handgestrickte, reich gemusterte und durchbrochene weiße Baumwollstrümpfe aus der Lade, an Werktagen waren sie rot, oder rotweiß, rotblau, blauweiß geringelt. Die Winterstrümpfe aus Wolle oder Schafwolle waren derb, zwei rechts, zwei links gestrickt.

Schuhe

Ausgeschnittene Schuhe mit flachem Absatz, die sog. »Schliaferschuhe«, waren für trockenes Wetter bestimmt. Im Winter oder bei Regen hatte man niedrige Stiefel, die über den Knöchel reichten, mit flachen Absätzen, und Halbschuhe mit geschweiftem Absatz.

43 Karsedel (rechts) und Kittelmieder (links)
Festtagstracht in Garmisch-Partenkirchen

44
Frauenschmuck
in Werdenfels:
Halskette und
Kettenschlösser.
Werdenfelser
Museum

45
Kittelmieder der
Werdenfelser Tracht.
Fronleichnamsprozession
Partenkirchen 1971

46   Partenkirchener Trachtenverein »Werdenfelser Heimat«

wurde in der Mitte gescheitelt und zu zwei Zöpfen geflochten. Dann wurde ein schwarzes Samtband (oben mit oder ohne Schleiferl) um den Kopf gelegt und rückwärts eingehakt. Über diesen »Haarborten« befestigte man die Zöpfe. Alte Frauen tragen diese Haartracht heute noch. In den Zöpfen staken Schmucknadeln aus Silberfiligran, die wie Blumenkelche gearbeitet waren. Die Blütenblätter bogen sich vorn auseinander, in der Mitte stellte ein zitterndes Silbersternchen, der »Zitterer«, den Blütenstempel vor. Man steckte auch runde Filigrannadeln in die Zöpfe oder den Haarschopf, wie das heute noch üblich ist. Die große Zahl der fein gearbeiteten hohen Hornkämme, »Kampl«, im Werdenfelser Museum erinnert daran, daß dieser aus Tirol eingeführte Haarschmuck auch hier Verwendung fand (wohl zwischen 1840—80). Im Eisacktal gehörten Haarkämme aus weißem Horn mit schöner durchbrochener Arbeit zur Brauttracht. Sie wurden besonders von den Sterzinger Kammachern hergestellt. Die bäuerlichen Motive, Herz und Hirsch, weisen darauf hin, daß es keine städtischen Erzeugnisse waren, die die Burschen von ihren Südlandfahrten heimbrachten. Der Kamm hatte dem Haarknoten den nötigen Halt zu verleihen (vgl. Votivbild 1832 Deutenhausen) [54a].

Aus der zweiten Hälfte des 18. Jahrhunderts stammen die weißen oder schwarzen spitzen Wollhauben, die zur gleichen Zeit in Tirol unter dem Namen Fatzelkappen üblich waren. Auf seiner Italienreise beobachtete Goethe 1786, wie die Tiroler zur Wiltener Muttergottes wallfahrteten und beschrieb ihre Hauben als »weiße, zottige, sehr weite Mützen, als wären es unförmige Mannesnachtmützen«. Sicherlich handelte es sich um eine Wintertracht. Im Sommer oder »im Ausland tragen sie die grünen Mannshüte, die sie sehr schön kleiden« [55].

Um 1900 kamen Kopftücher aus feinem schwarzen Wollmusselin auf, die an den gegenüberliegenden Ecken mit bunter Stickerei versehen waren. Die beiden bestickten Zipfel wurden unter dem Knoten sorgfältig auseinandergebreitet. Am Werktag band man sie nach vorn über den Kopf, um bei der Arbeit nicht behindert zu sein.

Alexander von Müller schildert in seinen Jugenderinnerungen [56] das Bild der »stattlichsten eingeborenen Frauengestalt«, der Reindlwirtin von Partenkirchen: »Unter dem käppiartig eng umgeschlungenen schwarzen Kopftuch und mit der Schürze um die rundliche, aber feste Gestalt erschien sie ebenso würdevoll und sicher, wie sonntags in der hohen Fuchspelzhaube und mit reichem Silbergeschnür am geräumigen Mieder«. Solcher Prunk war freilich nur den reichen Wirtinnen vorbehalten, die einfachen Leute mußten mit dem Schnürriemen vorliebnehmen.

Das »Guate Gwand«

Was eine Frau anzog, stand nicht in ihrem Belieben; es richtete sich nach den Kirchenfesten.

An den höchsten Feiertagen, am Oster- und Pfingstsonntag, am »heiligen Tag« (1. Weihnachtsfeiertag), am großen und kleinen Kirchweihfest und am Herz-Jesu-Fest wird »aufbroat«. Zum schillernden, schwarzen Taftgewand mit Kappärmeln und rundem Ausschnitt, das wie ein Dirndl geschnitten ist, wird ein Seidentuch mit Fransen umgelegt und unter der Brust festgesteckt. Es kann auch mit dem weißen Fürsteck getragen werden. Die Schürze ist in der gleichen Farbe. Am Fronleichnamstag, dem »Heilig-Blut-Tag«, wird das beste Kleid aus dem Schrank geholt, dazu die hohe Otterhaube mit Goldboden. Die jungen Mädchen und Kinder gehen heute noch in Partenkirchen mit dem Kittelmieder bei der Prozession, ältere Frauen mit Karsedel und Otterhaube.

Das »Mittergwand«

kommt an den »Frauentagen« (Marienfesten), am Josephstag, am Oster- und Pfingstmontag zu Ehren. Im Gegensatz zum »guaten Gwand« ist Spenser und Rock getrennt, das Material ist feine, in sich gemusterte Wolle in gedeckten Farben. Der Spenser (Oberteil) zeigt einen kurzen Goller, an dem die Vorderteile angereiht werden. Unter der Brust sind sie in Falten anliegend gearbeitet. Der Rücken ist in sieben Teilen geschnitten, die Ärmel an der Achsel gut eingereiht, zum Handgelenk hin schlank verlaufend. Etwa 7 cm über dem Rocksaum läuft eine 5 cm breite Blende aus schwarzem Seidensatin. Im Winter schützte die Joppe aus hell- oder mittelgrauem Tuch mit angeschnittenem Schößerl und grünem Einfaß vor Kälte. Sowohl Spenser als Joppe waren mit einem Halsbünderl versehen. Über dem angeschnittenen Schößerl, das hinten etwas ausgestellt ist, wird die Schürze (1½ Blatt breit) gebunden. Um den Hals trug man das »Schmieserl«, einen Schlips aus der gleichen Seide wie der Schurz. Die beiden Enden waren etwa 2 cm breit ausgefranst. Er wurde seitlich am Hals zu einer Schleife gebunden. Dieser Halsschmuck ist auch heute bei älteren Frauen beliebt, jüngere bevorzugen die Halskette. Dieses Gewand trug man schon vor hundert Jahren.

Das »Sunnta Gwand«

für die gewöhnlichen Sonntage war einfarbig aus feinem Wollstoff mit Spenser und getrenntem Rock. Es war gearbeitet wie das mittlere Festgewand mit rundem Halsausschnitt und einer dichten Reihe von kleinen Knöpfen, unterschied sich aber in der

Qualität des Stoffes. Die Schürzen waren aus Seidensatin oder Baumwolle (Pers), also ebenfalls einfacher.

Das »Feierabend Gwand«

zog man an Wochentagen abends an, wenn man »Hoamgarten« ging. Die Stoffe waren ganz einfach, meist baumwollen, Rock und Oberteil getrennt. Das Leiberl war häufig rot, hochgeschlossen ohne Ärmel, zum Bluserl mit langen Ärmeln wurde »harbers Tuch« verwendet (Leinen), der gereihte Rock war gern quergestreift, z. B. weinrot und grau. Zur Schürze verwendete man meist gestreiften »Gingan« (gemustertes Baumwollgewebe) [57].

Daß sich die Kittelmiedertracht im Werdenfelser Land seit 1800 so unverfälscht erhalten hat, hat mancherlei Gründe. Fürs erste war die Bevölkerung arm und konnte sich keinen häufigen Wechsel der Kleidertracht erlauben. Was man erbte, wurde auch von der jungen Generation weiter benützt. Noch am Ende des 19. Jahrhunderts beschreibt Alexander von Müller das alte Partenkirchen: »Große viehreiche Bauern gab es in dem weit hingestreckten, gartenreichen Dorf damals kaum; die meisten der malerischen kleinen Holzhäuser mit den langvorspringenden Regentraufen hatten den kleinen Stall – wie den Stadeleingang auf der Vorderseite an der Straße, und nicht wenige von ihnen bargen unter einem Giebel, genau halbiert, zwei enggedrängte, bäuerliche Haushalte mit ihren eigenen Eingängen, Ställen und Tennen.«

Auch die einfache und bequeme Beschaffenheit der Tracht erklärt ihre lange Beibehaltung. Aber dies hätte nicht ausgereicht, wenn das Trachtenwesen des Werdenfelser Landes nicht einen aufopfernden Förderer gefunden hätte, den »Silberer Toni« von Partenkirchen, alias Anton Simon, der als Silberschmied beruflich mit der Tracht und ihrem Schmuck zu tun hatte und eine sichere Kenntnis mit einem trefflichen Geschmack und historischer Treue verband. Der Dritte in der Generationenreihe der Simon, die seit dem Beginn des 19. Jahrhunderts in Partenkirchen saßen, hatte auch er das Silberschmiedhandwerk erlernt, sammelte den alten, bäuerlichen Schmuck, den ihm die Händler zutrugen und vererbte dem Heimatmuseum diesen reichen Schatz.

Darüber hinaus erweckte er einen Mittenwalder Brauch zu neuem Leben, der seine Wurzeln in weit zurückliegenden Zeiten hat, wo man das Gebet junger, unbescholtener Mädchen für besonders wirksam hielt, die »Rosenkranzmadeln von Mittenwald«.

Vier junge Mädchen, die von einer Frau aus dem Dorf betreut wurden, die sie »Mutter« nannten, hatten die Aufgabe, in den Häusern, die von einem Unglück heimgesucht wurden, den Rosenkranz zu beten. Man erhoffte durch ihre Vermittlung um so sicherer erhört zu werden, da ja das Gebet der Kinder geradewegs in den Himmel steigt.

Vier junge Partenkirchner Mädchen in der Kittelmiedertracht, die die festlichste ist, tragen bei der Fronleichnamsprozession eine wunderschöne barocke Muttergottesstatue, mit einem Kranl auf dem Kopf, die jetzt im Heimatmuseum aufbewahrt wird. Der Silberer Toni war es, der den vier Mädchen die alte Tracht von 1800 mitsamt dem Schmuck und den alten Jungfernkranln stiftete und damit den Anstoß gab, daß den jungen Mädchen zur Prozession die alte Tracht angezogen wird, wobei schon zweijährige den Zug anführen bis hinauf zu den Firmlingen, die mitsamt ihrer Patin in der Tracht vor dem Bischof standen und stehen. Denn so unglaublich es in der heutigen Zeit klingen mag, die Mädchentracht in Partenkirchen und Garmisch nimmt nicht ab, sondern zu, freilich nicht nur wegen des Silberer Tonis, der 1958 starb, sondern unter dem Schutz von Frau Margarethe Berger, die aus Freude am Brauchtum dazu beitragen möchte, dieses zu erhalten. Aus diesem Grund lernt sie auch eine junge Partenkirchenerin, Maria Luise Lipf, als ihre Nachfolgerin an. Frau Berger kennt nicht nur die alten Schnittformen und Techniken, sondern stellt sogar »Kranln« her, dieses vielbegehrte Schmuckstück der kleinen Jungfräulein, das sonst nur mehr in Antiquitätenläden und auch da selten genug zu finden ist.

Der Silberer Toni hat aber auch den »alten Tanz« wieder in Ehren gebracht, ein gravitätisches Menuett, bei dem die Werdenfelserinnen auch heute noch in ihrer alten Tracht erscheinen. Damit ergibt sich der merkwürdige Tatbestand, daß in einem der modernsten und fortschrittlichsten Fremdenverkehrsorte Deutschlands die Tracht von 1800 unverändert getragen wird.

Schmuck

Die Geschäftsbücher der Familie Simon in Partenkirchen[58], die seit Beginn des 19. Jahrhunderts als Silberschmiede — »Silberer« — im Werdenfelser Tal tätig war, geben genauen Einblick in die Verbreitung des bäuerlichen Schmuckes. Noch fällt aus den »Einschreibebüchern« des Bernhard Simon (1812—1880) der Streusand, mit dem er seine Einträge getrocknet hat. Bei ihrer Durchsicht tun wir einen Blick in das weitläufige Geschäft dieses vermögenden Mannes und gewinnen eine Übersicht über seine Kunden, Lieferanten und die Art seiner Ware.

Über die Geschäfte mit den Werdenfelser Bauern gibt vor allem das »Schuldenbuch« (1835—46) Aufschluß, denn die einheimische Bevölkerung war damals so arm, daß sie nicht einmal kleine Einkäufe und Reparaturen bar bezahlen konnte und ein paar Kreuzer schuldig bleiben mußte. Da steht der Zimmermeister mit einem Ohrring, der

Schützen Glöggel mit seinem Schlagring und der Wegmacher mit einem Augenglas in der Kreide. Diese Einträge geben ein deutliches Bild davon, was sich die Partenkirchener damals leisten konnten. Weitaus am häufigsten wurden Pfeifen verlangt mit allem Zubehör wie Pfeifenrohren, silbernen Pfeifenstopfern, versilberten Pfeifenbeschlägen, und ein Kaminkehrer kaufte gar eine »burzlänene« (porzellanene) Pfeife. Dann folgen Ohrringe für Männer und Frauen, Knöpfe und Rosenkränze. Erst an fünfter Stelle erscheinen silberne Ringe, die der Silberer manchmal auch löten mußte, ganz selten Miederhaken und Hutschnallen (je zweimal) und nur einmal eine Halskette, Halsschloß, Hutschnur und Uhrgehäus. Die Richtigkeit dieser Statistik bekräftigt eine Überlieferung, nach der bis vor hundert Jahren nur fünf Frauen in Partenkirchen ein Silbergeschnür besessen haben. Zweimal lassen sich Frauen »einen Kamm binden«, ein Beweis, daß die großen Schmuckkämme auch von Einheimischen benützt wurden. Sehr häufig lötete der Silberer Ringe und Rosenkränze, verarbeitete Geldstücke zu Knöpfen oder putzte alte Silbergegenstände und nicht einmal bei solch kleinen Beträgen konnte die Kundschaft bar bezahlen, die aus Garmisch, Mittenwald, Farchant, Ettal, Oberammergau, Krünn, Kohlgrub und Ehrwald zum Silberer nach Partenkirchen kam. 1885 haben wir noch einmal Gelegenheit, das Geschäft mit der einheimischen Bevölkerung zu verfolgen. Nun sind die Ansprüche gestiegen. An erster Stelle steht das »Pudon« [59] (13 mal), dann folgen Ringe (siebenmal), Broschen (sechsmal), Rosenkränze und Uhrketten (je dreimal), Geschnür, Schlüsselhaken, Knöpfe und Löffel (je zweimal). Nur einmal vertreten sind: Florschnalle, Kette, Steften, Miederhaken, Ohrring, Kamm, Haarpfeil.

Grandln haben nun große Beliebtheit gewonnen. Eine Ladnerin in Murnau kauft Hirschgrandl-Knöpf und der Förster in Walchensee »eine Hirschgrandl-Brosche, die Eicheln in Gold und den Kasten (Fassung) in Silber«.

Daneben führte der Silberer Aufzeichnungen über die Jahrmärkte, auf denen er regelmäßig erschien (ab 1851): In Garmisch (2), Mittenwald (2), Ammergau (3), Partenkirchen (2), Tölz (3), Murnau (4). Die Einnahmen bei den einzelnen Märkten lagen zwischen 50 fl (Garmisch) und 270 fl (Tölz). Gute Geschäfte machte er in Murnau, Tölz und Oberammergau, schlechtere dagegen in Werdenfels (Garmisch, Partenkirchen, Mittenwald), ein Gradmesser für die wirtschaftliche Lage dieser Orte. Wenig besucht und unrentabel waren die Märkte, die in der schlechten Jahreszeit stattfanden wie der Thomasmarkt in Murnau (64 fl). Bernhard Simon erschien auf diesen Märkten mit einem Schweizer Wägelchen, wie man es zum Grasfahren benützte, das mit einem Dach ausgestattet war. In einem eisenbeschlagenen »Marktkufer« befanden sich zwei Glaskästen mit der Ware. 13 Ellen blaue Leinwand dienten als Dach des Kramerstandes, der vom »Standaufmacher« an den Marktorten aus Schragen und Stangen aufgestellt wurde.

In seinem Einschreibbuch gibt es zwischen 1870 und 1876 ein Verzeichnis der »Einnahmen von den Fremden an Loschigeld.« 1871 erhielt er für »sämtliche Zimmer die ganze Zeit« 143 fl 18 Kr, 1870 für die zwei vorderen Zimmer in acht Tagen 10 fl. Seine Mieter waren Graf Hirschberg, ein Rentner von Berlin und ein Herr Schmid aus Gmünd.

Möglicherweise waren es diese Gäste, die eine Erweiterung seines Kundenkreises veranlaßten, wie sie uns in den Aufschreibungen vom 2. 5. 1885 bis 18. 8 .1886 vor Augen tritt. Hier wird deutlich, daß der Verkauf an die einheimische Bevölkerung nur den geringsten Teil seiner Einnahmen ausmachte. Er schickte während dieser Zeit Auswahlsendungen an meist gutsituierte Persönlichkeiten in ganz Deutschland, an die er empfohlen wurde. An erster Stelle steht Berlin mit 26 Sendungen, Dresden mit 18, München mit 10, Frankfurt am Main mit 7 und Schlesien mit 7. Außerdem waren es noch 29 Orte von Kiel bis Weilheim, mit denen er in Geschäftsverbindung stand. Jedesmal fertigte er ein genaues Register der abgeschickten Waren an, eine nachträgliche Notiz belehrt uns über den Erfolg seiner Sendungen: »Zurück erhalten mit 832 M«. Das waren also bedeutend einträglichere Geschäfte, wenn auch der Erlös nicht jedesmal so hoch war. Rentiers- und Landratsgattinnen, Baronessen und Fürstinnen zählten zu seinen Kundinnen, aber auch Engländerinnen, die sein Geschäft wohl bei einem Ferienaufenthalt in Partenkirchen kennengelernt hatten. Eine Sendung mit 165 Einzelstücken ging z. B. am 4. Nov. 1885 an Frau Oberst-Lieutnant Lisa von Treitschke in Dresden.

Aber auch Ludwig II. und seine Mutter kauften bei ihm ein. Eines Abends erschien der König noch sehr spät und die neugierige Silberin versteckte sich hinter der geöffneten Tür des Milchkastens, um zu hören, »wia da König red't«. Er aber sah ihre Füße unten hervorschauen und ging zum Kasten, um zu sehen, wer dort stand. Trotz seiner weitläufigen Geschäfte hatte der Partenkirchener Silberschmied keinen Laden. Seine Waren lagen in einem Glaskasten in der Stube, die zugleich Werkstatt und Wohnraum war, links neben der großen Toreinfahrt des Hauses, die erst 1894 verschwand. Wie alle Marktbürger jener Zeit betrieb der Silberer aber auch noch eine Landwirtschaft — 16 Stück Vieh und 1—2 Pferde standen in der Stallung seines Hauses an der Ludwigstraße.

Ein anderes Buch zeigt den Kreis der Firmen, von denen der Partenkirchner seine Waren bezog. Der größte Teil davon, ca. 36, war in München, 10 in Schwäbisch-Gmünd, 24 an anderen Orten. Auch mit den alteingesessenen Silberern der oberbayerischen Märkte Rosenheim, Tölz, Weilheim, Landsberg, Traunstein, Wasserburg, mit Blachian in Neuötting bestanden Verbindungen.

Aus Österreich und von den einheimischen Jägern bezog er die begehrten Grandln, Hirschgeweihe, Gamskrickel, Kümmerer und Murmeltierzähne. Der »Träger von Ehrwald«, Lorenz Wilhelm, versorgte ihn mit Pfeifen: Lange Pfeifenspitz in Rehgewicht, Dutzend 36 Kr., kurze Kernspitz in Weichselrohr, Dutzend 36 Kr., kurzer Halberspitz

24 Kr., ordinäres Wassersackrohr und eingelegte zu 1 fl 24 Kr. Außerdem belieferte ihn auch noch der Pfeifenmacher Alois Kienzle von Waldstetten (bei Schwäbisch Gmünd). Ringe ließ er sich von Braun in Schwäbisch Gmünd, Erbsketten von Ascher in Wasserburg schicken, der Bortenmacher in der Au, Mathias Bald, belieferte ihn mit Borten, der Goldarbeiter Schwab in Ascholding mit einer goldenen Hutschnur, die bemalten Porzellanpfeifen bestellte er bei Wieninger in München, Lava und Korallen bezog er direkt von Giacomo Morabito, Neapel, und überdies brauchte er Glasperlen für die Mädchenkranln und Augengläser für den Herrn Lehrer, die er bei Rodenstock in München bezog.

Das Überraschende an den Geschäftsbüchern Simons ist nicht nur die weite Ausdehnung seiner Handelsbeziehungen und sein überaus reichhaltiges Angebot sondern die Regelmäßigkeit, mit der Trachtenschmuck nach Norddeutschland, Berlin, Dresden, Köln versandt und von adeligen Damen oder Ausländerinnen gekauft wurde. Am 5. Mai 1885 ging eine Auswahlsendung an Herrn Löske, Berlin, Charlottenstraße 17 mit einer Florschnallen-Brosche, Hutschnalle, Schnürsteften-Brosche, gegossener Filigran-Florschnalle, Halskette mit zwei Schließen, Zieratelbrosche, Filigran-Pollen-Mantelschließe und einem Dutzend Schnürhaken.

Die gleichen Gegenstände schickte er am 27. 10. 85 an Frau von Münchhausen in Erdmannsdorf, Schlesien, die sich dazu noch alle Arten von Silberknöpfen, Eichelnadeln, Mantelschließen und Balsambüchschen kommen ließ. Daneben kaufte sie freilich auch ausgesprochen städtischen Schmuck, wie ein vergoldetes Collier mit Rubinen. Daß das keine Ausnahmefälle waren, möge eine Zusammenstellung der Trachtenschmuckstücke veranschaulichen, die an städtische Besteller gingen:

Florschnallen, Florschnallen- und Zieratelbroschen, Schnürsteftenbroschen, Filigranschließe am Samtband zu tragen, Halskette mit zwei Schließen, Hutschnallen, Armband mit Halskettenschließe, Schnürhaken, Schnürsteften-Schalnadel, Edelweiß-Haarnadeln, Haarpfeil, Filigrantraube und -Pollen, Hirschgrandl-Ehering, Hirschgrandlschmuck, fünf Schariwari nach Köln und sechs Emailschariwari für Miss Demison nach Berlin.

Da all diese trachtlichen Schmuckstücke nicht etwa nach München gingen, wo sie in kleinbürgerlichen Kreisen vielleicht noch getragen wurden sondern durchwegs nach Norddeutschland, so haben wir es zweifellos mit einer Modeerscheinung zu tun. In Köln und Berlin gefielen sich die reichen Damen in den prächtigen Filigran-Florschnallen, die sie als Brosche verwendeten, in Halsketten mit zwei Schlössern, die ausgewechselt werden konnten, die Herren trugen ein »Bräuerschariwari«, das entsprechend ihres Ansehens aus Gold war.

Noch auffallender ist der Umstand, daß nicht nur bäuerlicher Schmuck, sondern auch bäuerliche Kleidungsstücke nach Norddeutschland verschickt wurden. An den Hofjuwe-

lier Werner, Berlin, gingen mehrmals Sendungen mit Goldborten, Goldspitzen, Gold-
flecken, Florschnallen und Zieratelbroschen, Filigranknöpfen, Balsambüchschen, Talern,
Haarpfeilen, seidenen Tüchern und Schürzen, Silber-, Gold- und Riegelhauben, einem
goldgestickten Mieder, einer Passauer Goldhaube mit schwarzer Schleife und Gold-
Radhaube mit weißen Bändern. Ein Kölner Kunde bekommt am 19. 2. 86 eine Florschnalle, Radhaube, zwei seidene Schürzen, ein Tuch mit Goldspitze, und dazu nimmt
er eine Werdenfelser Pelzmütze zu leihen! Dieser Umstand und das Datum dieser Sendungen zwischen Dezember und Anfang Februar, lassen vermuten, daß sich die Köl-
nerinnen und Berlinerinnen im Fasching als Bäuerinnen maskierten, wie das einer jahr-
hundertealten Tradition entsprach. Da der Partenkirchener Silberer selbst gar nicht
so viel Hauben und Tücher auftrieb, ließ er sie von Überlingen schicken. Die schwäbische Radhaube wird in Köln ihre Wirkung nicht verfehlt haben.

Diese Wünsche seiner Kundschaft werden den »jungen Silberer« (Bernhard Simon 1854
bis 1929) auf den Gedanken gebracht haben, im neu eingerichteten Laden zu Partenkirchen und in der Filiale, die 1900 während der Passion in Oberammergau eröffnet
wurde, auch alten Hausrat, Zinn, Figuren, Fayencen und Trachtenstücke feilzubieten —
ein Umsatz von 40 000 Mark war das Ergebnis.

47 Schützenkompanie Partenkirchen: Schützenhauptmann und Marketenderin

Trachtenvereine

Gegen Ende des 19. Jahrhunderts war die Tracht in Oberbayern fast verschwunden. Aber in diesen Jahrzehnten regten sich überall Kräfte, die diesem Verfall Einhalt geboten. Am bekanntesten ist die Trachtenbewegung des Bayrischzeller Lehrers Vogl. In Murnau waren es angesehene Patrizier, die unabhängig davon am Ende der neunziger Jahre die Volkstracht wieder zu Ehren brachten. Den Anstrengungen und dem Vorbild des Posthalters Bayerlacher, eines Freundes Ludwigs II., des Grafen Treuberg, des Reichstagsabgeordneten Kottmüller und des Kaufmanns Kapfer war es zu danken, daß sich auch angesehene Murnauer Bürgerstöchter am neubegründeten Trachtenverein beteiligten und selbst in der Tracht gingen.

Ähnlich war es in Werdenfels. Der Volkstrachtenverein Garmisch wurde 1896 von angesehenen Bürgern gegründet.

Im Gegensatz dazu waren die Gründungsmitglieder des Volkstrachtenvereins »Die Werdenfelser« in Partenkirchen in der Hauptsache Zugezogene, Handwerker und Geschäftsleute. Heute besteht er nur mehr mit einigen Mitgliedern.

1891 schließlich wurde der Volkstrachtenverein »Werdenfelser Heimat« gegründet, der heute über 400 Mitglieder zählt, obwohl in jüngster Zeit nur Mitglieder aufgenommen werden, die in Partenkirchen geboren sind und von denen mindestens ein Elternteil Altpartenkirchener ist.

Der Mittenwalder Trachtenverein wurde 1905 gegründet.

Durch die Arbeit in Jugendgruppen und gute Heimatabende, besonders durch Musikantengruppen wird der Trachtengedanke gepflegt, vor allem wenn einzelne Persönlichkeiten sich mit Liebe und Geschick für die heimatliche Sache einsetzen.

Die Uniform der Schützenkompagnien ist mit geringen Änderungen für die Trachtenvereine verbindlich geblieben.

Es ist die graue Joppe mit grünem Kragen und Ärmelaufschlägen, ganz mit grüner Litze eingefaßt, kurze Weste, schwarze, bis zum Knie reichende Lederhose mit grünen Stickereien, früher mit Bändern auf der Seite, die jetzt mehr und mehr verschwinden. Die Hosenträger mit breitem Steg sind reich bestickt, gelegentlich auch mit Federkielstickerei. Auf dem weißen Leinenhemd flattert ein seidenes Tücherl, dessen Enden durch einen Silberring gezogen werden. Seine Farbe bleibt dem Geschmack des Trägers überlassen und steht in anmutigem Gegensatz zur Strenge der übrigen Männertracht. Die Strümpfe sind grau mit grüner Stickerei und Rand. Früher waren kräftige Waden unerläßlich für einen schneidigen Burschen. Wer von der Natur damit nicht gesegnet war, dem konnte die Kunst der Strickerin nachhelfen. Während die Partie um den Knöchel mit einfacher Wolle gestrickt wurde, verwendete man am Wadenteil zwei- und dreifache Wolle, und mit Hilfe dieses Kunstgriffs wurden die gewünschten Maße erreicht. Der grüne Werdenfelser Hut mit eingedrücktem mittelhohem Gupf, den Männer und Frauen tragen, wird vorn und rückwärts nach unten gezogen, wodurch die Krempe an der Seite von selbst hoch steht, eine Form, wie sie schon auf Votivbildern von 1705 zu finden ist. Gamsbart, Flaum oder Spielhahnfedern schmücken den Männerhut, Frauen stecken in Weilheim und Werdenfels den Adlerflaum auf. Der Hutschmuck wird von den Trachtenvereinen einheitlich vorgeschrieben. Kleine Unterschiede verraten dem Kundigen die Herkunft der Tracht. In Garmisch wird das Eichenlaub aus Stoff an die hellgraue Joppe appliziert, es ist nach oben gerichtet. In Partenkirchen ist es aus Seide gestickt und schaut nach unten.

Das Festgewand der Männer war seit dem Ende des 19. Jahrhunderts der schwarze städtische Anzug. Seit kurzem bürgert sich auch an Fronleichnam und als Hochzeitsgewand der forstgrüne Trachtenanzug mit langer Hose und grünem, vorn herabgebogenen Hut ein. Die Formen der Trachtenjoppen sind nicht einheitlich.

Für Musikkapellen sind alte Trachtenformen wieder aufgegriffen worden.

In Murnau wählte man 1968 für die Musikanten: Schwarze Bundhosen, weiße Strümpfe, blaue Röcke, schwarze hohe Stopselhüte mit grüner Schnur.

Die Kapelle von Obersöchering wurde 1960 mit brauner Joppe, schwarzer Bundhose, grauen oder grünen, an Festtagen weißen Strümpfen und einem hohen Stopselhut mit Schnüren eingekleidet.

Die Weilheimer Stadtkapelle spielt (seit 1955) in schwarzer Bundhose, brauner Joppe, roter Weste, weißem Hemd mit Schleiferl. Die Weilheimer Trommlerbuben bekamen 1968 schwarze gestickte Bundhosen, grüne Jöpperl und Stopselhüte. Die Einkünfte der Weilheimer Theatergruppe dienen dazu, die Kindergruppe einzukleiden.

Die Oberammergauer Kapelle kleidet sich in blaue Röcke, rostrote Westen, hohe Stopselhüte mit Spielhahnfedern, weiße Strümpfe und schwarzes Schleiferl statt des Halstuches.

Mädchentracht der Trachtenvereine

Früher war es üblich, daß eine Braut vier Wochen vor der Hochzeit einen roten Spenser und Rock mit schwarzer Schürze trug. Vielleicht war dieses rote Mädchengewand das Vorbild für das Rot an Röcken und Ärmeln unserer Trachtenvereinskleidung. Das abgesteppte, mit Fischbein versteifte Mieder ist einheitlich schwarz. Dazu wird ein weißer Taftschurz umgebunden und das weißseidene Tuch mit langen Fransen rückwärts »nuntergsteckt«. Eine Goldbrosche versieht diesen Dienst, während es vorn mit Eichelnadeln festgesteckt wird. Das Haar trägt man in einem großen Schopf, der mit einem schwarzen Samtband zusammengefaßt wird. Als Schmuck und Halt werden je drei Filigrannadeln auf beiden Seiten in das Haarband gesteckt, eine Nadel mit zwei großen Filigranköpfen an den Enden geht quer durch den Schopf. Oft sieht man dazu goldene Ohrringe in runder oder länglicher Form. Den Hals ziert eine mehrgängige Silberkette, die oft schon lange in der Familie weitervererbt wurde. Die neuen Kettenschlösser bestehen aus gepreßtem Silberfiligran ebenso wie der Miedersteften.

Die weißen gemusterten Trachtenstrümpfe sind jetzt aus Kunstfaser und leicht zu pflegen. Bis zum ersten Weltkrieg waren sie handgestrickt aus ganz feiner, weißer Baumwolle. Der obere, etwa 10 cm hohe Rand wurde mit kunstvollen Mustern geziert, der übrige Strumpf war glatt; nur oben mußten mit kleinen Perlen der ganze Name der Besitzerin und die Nummer des Strumpfpaares eingestrickt werden. 24 Paare solcher mühsam gestrickten Strümpfe zu besitzen, war nicht außerordentlich, noch heute sind sie der Stolz der Enkelinnen. Freilich reichten sie nur bis zum Knie. Über dem Muster saß das Strumpfband aus hellblauer Seide, das über einem Gummiband gerüscht war. Unumgänglich notwendig sind auch heute zwei weiße, gestärkte Spitzenunterröcke und eine spitzenbesetzte Leinenhose, die beim Tanz charmant zum Vorschein kommt. Mieder mit Geschnür trug man nur zur Tanzmusik und beim Hochzeitstanz, nie in der Kirche. In letzter Zeit sieht man es auch auf Trachtenfesten und bei der Fronleichnamsprozession. Zum Tanz oder am Sonntag nachmittag durfte der in Falten gelegte Rock jede beliebige Farbe aufweisen. Ein breites, oder 2—3 schmale, schwarze Samtbänder wurden etwa eine Handbreit über dem Saum aufgesteppt. Das schwarze Samtleibchen war um den tiefen runden Ausschnitt mit Blumen und Blättern bunt bestickt und mit Silberknöpfen geschlossen. Eine helle Schürze gab dem »Dirndlgwand«, wie es in dieser Form nach dem ersten Weltkrieg getragen wurde, ein festlich-heiteres Ansehen.

Die Farben des Rockes und der Miederärmel, die bis vor 20 Jahren weit und in der oberen Hälfte stark gereiht waren, wechselten nach den Vorschriften der Trachtenvereine, die ein möglichst einheitliches Bild innerhalb eines Dorfes anstrebten.

Für Murnau und Weilheim sind die Farben rot mit 1—3 schwarzen Samtstreifen.

In Partenkirchen besteht das »Plattlgwand« aus himbeerroten Röcken und Ärmeln, hellblauer Schürze und Seidentuch, dessen Fransen in das Mieder gesteckt werden.

Garmisch hingegen hat hellrote Kleider, die Fransen des hellblauen gemusterten Seidentuches hängen vorn über das Mieder herab.

Die Tracht für kleine Mädchen ist heute ein dunkelrotes Miederkleidchen aus Wollbrokat, weiße spitzenbesetzte Bluse mit ³/₄ Ärmeln, weiße Schürze und ein Mädchenkrönlein, das die Mutter aus Vlieseline, Goldpapier, Steinen und Goldborte selbst klebt, da man keines mehr zu kaufen bekommt. Mit einer langen Nadel wird es am Haar festgesteckt (Weilheim). Die kleinen Damen in Partenkirchen haben ein winziges Kittelmieder an, mit dem sie stolz in der Fronleichnamsprozession mitgehen.

Die weite Ausbreitung der Miesbacher Tracht ist nicht nur das Werk der Trachtenvereine. Auf welche Weise sie in der Gegend um Weilheim Fuß gefaßt hat, geht aus der Lebensgeschichte des Säcklers Johann Mühlpointner hervor. Am 26. 10. 1878 in Schorn bei Pöttmes geboren, wanderte der junge Säcklergeselle in den neunziger Jahren nach Schliersee, wo gerade die Stepperei an den Lederhosen aufkam. Allerdings konnten sich nur große Bauern die Anschaffung einer Lederhose leisten, für einen Knecht war sie bei den damaligen Löhnen unerschwinglich. Aber die Kundschaft kam hauptsächlich von Hausham, wo die Bergarbeiter guten Verdienst hatten. Ein Teil von ihnen war aus Mährisch-Ostrau zugewandert und hatte die slavische Farbenfreude mitgebracht. Weil die böhmischen Bergarbeiter größten Wert darauf legten, wurden damals die Lederhosen in Schliersee reich bestickt, anfänglich mit dunkelgrünen Kleeblättern, dann mit Gamsen und Hirschen, in Tegernsee mit Weinrebenlaub. So haben sie in gewisser Hinsicht die Ausgestaltung unserer Tracht beeinflußt.

1901 gründete Mühlpointner sein Geschäft in Penzberg, ebenfalls einem Bergarbeiterdorf, in dem sich Böhmen ansässig gemacht hatten. Die Schlierseer Tracht, deren Anfertigung er gelernt hatte, wurde dort von ihm eingeführt. Als die Penzberger Burschen in ihrer neuen Tracht aufzogen, wollten auch die Hohenpeißenberger nicht nachstehen. 1902 ließen sie sich 21 Trachtenanzüge anmessen. Die dazugehörigen Schuhe ließ man von Gmund schicken, wohin Mühlpointner von früher Geschäftsbeziehungen hatte. Als er vorsichtig beim Hohenpeißenberger Wirt anfragte, ob die Leute denn zahlungsfähig seien, erhielt er zur Antwort: »Wenn einer net zahlt, zahl i!« Meist lieferte er seine Ware auf Abzahlung, nie hat er dabei einen Pfennig eingebüßt.

Nicht lange und die Stöttener am Auerberg wollten sich ebenfalls von Mühlpointner einkleiden lassen. Von nun an radelte er im Sommer jeden Samstag nach Stötten, brachte in zwei Rucksäcken die Trachtenanzüge mit und hielt bis tief in die Nacht hinein eine Plattlprobe. Am Sonntag früh mußte er zur Kirche wieder in Hohenpeißenberg sein, wo ihn seine Kundschaft und die dortigen Plattler erwarteten. Das Geheimnis seines Erfolges liegt wohl darin, daß er nicht auf seinen Verdienst bedacht war, sondern in unermüdlicher Hingabe mit den Burschen plattelte und eine Art der bäuerlichen Geselligkeit ins Leben rief, die in den neubegründeten Trachtenvereinen eine Heimstatt fand. Daß dabei ortsfremde Trachten eingeführt wurden, war nicht Mühlpointners Schuld. Hier hätten sich berufene Stellen einschalten müssen, die der neuen Bewegung den richtigen Weg gewiesen hätten.

In den Trachtenvereinen waren Burschen und Mädchen beisammen — ein Ärgernis für Pfarrherren, die deshalb die Vereine ablehnten. Stammte der Geistliche aus Altbayern, hatte er für gewöhnlich mehr Verständnis, kam er aus der Augsburger Diözese, wo die Tracht längst abgekommen war, so war er ein strikter Gegner. Es kam sogar vor, daß er sich weigerte, die Vereinsfahne zu weihen. Die Jungen waren um eine Antwort nicht verlegen. Sie schickten dem Eiferer in einer Kiste ihre Gebetbücher und Rosenkränze — und gingen von nun an in die Nachbarpfarrei.

Genau erinnerte sich der Mühlpoitner-Vater an seine Gesellenzeit, als er ganz Österreich durchwanderte. Besonders in der Steiermark legte man Wert auf schöne Stepperei, während in Tirol weniger die Säckler als die Schneider auf der Stör die Lederhosen nähten und steppten, freilich ohne die Kunstfertigkeit des gelernten Meisters.

Die Zubereitung des Sämischleders war dazumal ein schwieriges Unternehmen. Zum Enthaaren wurden die Decken in Kalk gelegt und dann mit Fischtran getränkt. So wurden sie auf dem Speicher aufeinandergeschichtet und des nachts hatten sich »Gesellen und Lehrbuben und das übrige Gesinde« auf Säcken im Kreise herumzulegen und die Füße zwischen die Decken zu stecken. Stieg die Temperatur darin zu hoch, so erwachte einer der Schläfer und weckte die anderen, um die Felle umzuschichten. Wer freilich am Abend zuvor zu viel getrunken hatte, und nicht rechtzeitig aufwachte, der trug Brandblasen, »Bladern«, an den Füßen davon.

Vor dem Färben mußten sie gebleicht werden, was mancherorts mit Vorliebe bei Mondschein geschah, dem überhaupt größere Bleichkraft zugeschrieben wird als der Sonne. (Mitt. aus Au bei Aibling). Nach dem Zuschneiden wurden die Hosennähte »zusammengestoßen« und auf der Innenseite »überwendling genäht«, das Leder, das als Besatz verwendet wurde, »aufgereiht«. An der Naht entlang wurden mehrere Steppreihen ausgeführt, es gab »1–5nähtige Hosen«. Die zierliche Stepperei wurde mit weißem »Estremaduragarn« (Baumwollgarn) ausgeführt.

Im »Unterland«, in Dachau und Niederbayern, wo man lange Lederhosen trug, bestrich man außerdem die Seitennähte mit Bienenwachs, bestreute sie mit Silberbronze und »wichste« es mit einem Falzbein in die Naht ein. Diese schwarzen Lederhosen mit silberglänzenden Nähten waren der Stolz der Bauern, allerdings nicht im Gebirge, wo man Bundhosen trug [60].

Inzwischen hat die Mode noch oft auf die Tracht zurückgegriffen, aber was als Trachten-Look zwischen Wien und Berlin über die Bühne zieht, hat nichts mit »der Tracht« gemein. Wer heute noch den Mut hat, in der Tracht zu gehen, der legt ein Bekenntnis ab für die Heimat und ihren Brauch, für Sitte und Gesittung. Für alle Bauern und Bäuerinnen und für die vielen kleinen Leute, die unter Opfern verschiedener Art das Vätergewand in Ehren halten, ist dieses Buch geschrieben, das ihnen Verständnis und Bestärkung gewähren soll.

Stoffbezeichnungen

Barchent	Leinen und Baumwolle gemischt.
Beuteltuch	ungebleichtes Baumwolltuch für Müllersiebsäcke aus gezwirntem Faden, wurde auch zum Sticken verwendet.
Blech	Saum an einem Kleid.
Boy	leichter, englischer Flanellstoff, von kgl. bayr. Manufakturen nachgemacht.
Budl	rauhhaariger Stoff.
Caputh	Kapuzenmantel.
cordaboner	fein gegerbtes Leder auf Cordovaner Art.
Criset	Wollstoff.
Damask, Damast	nach der Stadt Damaskus benannt.
Damass	Unterfutter.
Diradey, Turetei	von frz. tirtaine, dort ein Stoff, der teils aus Baumwolle teils aus Leinen besteht.
Federiet	2–3 mm breite, schräg laufende Rippen (Köperbindung) und Eintrag aus Werg.
Frourl	bedruckter Stoff.
Gallonen	breite Bänder aus Wolle, Seide, auch aus Silber- und Goldfäden. Besatzbänder für Schalke und Rocksäume.
Gradl	Zeug aus Wolle und Baumwolle zu Weiberröcken.
irch	naturfarbenes, also gelbliches Wildleder.
Kanevas	gröbere Leinwand.
Kardiß	von Cardeldistel, Zeug aus Schafwolle für Weiberröcke, ursprünglich mit dem Distelgespinst vermengt.
Krepon	Krepp, Flor, lockeres Zeug.
Kronasch	leicht geköperter Wollstoff.
Lundisch	lindisch Tuch oder Scheptuch, feines Tuch, das von London in Schiffen nach Hamburg und andere Seestädte und von da nach Bayern kam.
Mesulan, Meßalan	Mischgewebe aus Garn und Wolle.
Lustrin	vielleicht von lustre, Glanz.
Parther	Seidenstoff.
Pers	bunter Kattun.
Polomit	oder schwarzes Pfaffenzeug.

Püfl	oder Flanell
Quinett, Concent	»nennt man einen gemeinen, wollenen, glatten und buntfarbigen Zeug, der einen starken gedrehten Draht hat, dessen sich das Frauenvolk zu Hauskleidern bedienet. Einige nennen dergleichen auch Polemit, die ganz schmalen heißet man Quinetten«.
Rasch	Arras.
Rapesill	Seidenstoff.
Raß	Kittelstoff.
Schalan	»vielleicht von Schalanen oder Saldynen, war vormals eine Commenthurey des Deutschen Ritter Ordens, ist ihnen aber nunmehro von den Holländern genommen worden« (Zedler, Bd. 34, Sp. 819), demnach die Bezeichnung für einen von Holland eingeführten Stoff.
Schamelot, Kamelot	wertvolles Gewebe, ursprünglich aus Kamelhaar, dann aus Wolle oder (und) Seide, meist gewässert.
Scharschett	»Sarsenet«, Sarsche.
Seide	»Floretseide«, feine Rohseide.
Wifling	Mischgewebe aus Garn und Wolle.
Wurschet	halbseidenes Zeug = wirchen.
Zendl	minderer Futterstoff.
Zwilling (Zwilch)	oder Drilling, köperartige Gewebe bedeutender Stärke, feinere für Inletts, gröbere für Handtücher und Säcke.
Zwirl	Gewebe aus gezwirnten Fäden von zweierlei Farben, deren je einer von Garn, der andere von Wolle ist.
Zwirnet	gezwirnter Leinenfaden.
Leonische Waren	Gold- und Silberborten, Schnüre, Drähte, Stickmaterial.
Leonische Hutschnur	Bänder aus Gold- und Silberdraht, hergestellt in Stams in der Fabrik des Grafen Enzberg.

Stoffnamen aus dem 17. Jahrhundert, die nicht deutbar sind: Niederländisch Legabur, Cypirol, Traget, Partisanna, perpetuanen, grogrionen.

Diese Liste wurde zusammengestellt nach Grimm, Fischer, Schmeller, Zedler, Hinterlassenschaftsinventaren

Ortsverzeichnis der benützten Votivtafeln und Bilder

Bauerbach
Benediktbeuern (Georg Asam, Deckenbilder im Festsaal, Votivbild)
Bichl (Pestbild von Elias Greither?)
Deutenhausen
Dickelschwaige
Eberfing
Etting, St. Andreas
Forst bei Wessobrunn
Froschhausen
Garmisch, alte Stadtpfarrkirche (Grabstein)
Haardtkapelle
Hagen
Haunshofen (Bürgermeister)
Heuwinkel bei Iffeldorf
Hohenpeißenberg
Huglfing, St. Johann
Jenhausen
Kleinweil
Kohlgrub, Rochuskapelle
Maria Aich (Peißenberg)
Mittenwald (Museum)
Murnau, Pfarrkirche, Ramsachkircherl
Ohlstadt, Christus in der Rast, Fieberkapelle
Partenkirchen, St. Anton und Werdenfelser Museum
Polling (Mirakelzyklus an den Pfeilern)
Raisting, St. Johann
Riegsee, Kanzelstiege
Unterammergau, Kappel, Pfarrkirche
Unterhausen
Weilheim, Stadtpfarrkirche, Friedhofskirche, St. Pölten (Fresken), Museum: Votivbil-
    der, Bürgerbildnisse, Krippe

Anmerkungen

1 Gebhard, Zur Frage der frühen dörflichen Siedlungen in Bayern, in: Aus Bayerns Frühzeit, S 352 ff

2 Ein Weg, auf dem ein Pferd mit einer Packsattellast (2½ Ztr.) gehen konnte

3 Kraut, Römerstraßen im Lech- und Isarland. Lech-Isar-Land, 1963, S. 44

4 Dußler, Eine Reise durch das Lech-Isar-Land 1628. In: Lech-Isar-Land, 1963, S. 77 f

5 Ders., Eine Reise der Königin Christine von Schweden durch das Lech-Isar-Land im Spätjahr 1655. In: Lech-Isar-Land, 1962, S. 58

6 Vergl. Baader, Chronik von Mittenwald, S. 118 ff

7 Vergl. Daisenberger, Geschichte des Dorfes Oberammergau

8 Bauer, Die Leut werden zuviel, es muß Krieg kommen. Lech-Isar-Land, 1938, S. 181

9 Gailler, Vindeliciae Sacrae, S. 14 ff

10 Hager, Die Bautätigkeit und Kunstpflege im Kloster Wessobrunn, S. 195–521

11 Frdl. Mitteilung von Herrn Willi Mauthe

12 Frdl. Mitteilung von Herrn P. Karl Mindera. Ein Abguß befindet sich im Besitz des Klosters

13 Mauthe, Weilheimer Bildhauerlehrlinge vom 16.–18. Jh. in: Lech-Isar-Land, 1967, S. 54

14 Vogelorgeln: In einem Aufsatz des Weilheimer Sonntagsblattes Nr. 2 vom 8. 1. 1928 über den letzten Abt von Andechs (Gregor Rauch) von Dr. Alteburg findet sich über den Vater des Abtes, den Lehrer Rauch von Erling, Folgendes:
»Außerdem beschäftigte sich der fleißige und geschickte Schullehrer, um den Unterhalt seiner 6 Buben und 10 Mädchen zu erschwingen, neben Ausübung seiner Berufspflichten mit der Verfertigung kleinerer und größerer Orgelmaschinen für Anrichtung der Singvögel. Diese Vogelorgeln, welche am Ammersee verfertigt wurden, waren weit bekannt. *Heute noch liefert der Hauptfabrikationsort Raisting am Ammersee durch die Familie Greinwald solche Vogelorgeln*«. Frdl. Mitteilung von Herrn Willi Mauthe

15 Schmeller, Bd. I, Sp. 1372

16 Heller, Händler auf der St. Sebastiani- und Osterdult zu Ebersberg, 1691/92 und 1724–1731

17 Kaschierte Andachtsbilder, Hazzi II, S. 194–206

18 1773 erscheint ein Strohhut in einem Hinterlassenschaftsinventar (Umgebung Weilheims), 1726 besuchten die Uttinger mit ihrer »Strohwar« den Markt von Ebersberg

19 Lentner, Handschrift in der Staatsbibliothek München cod. germ. 5418/19

20 Vergl. Heller, Händler auf der St. Sebastiani- und der Osterdult zu Ebersberg, S. 107

21 Vergl. Lugauer, Floßkanal im Benediktbeurer Moos. Lech-Isar-Land, 1935, S. 4 ff Unterau und Hagen waren ausgesprochene Flößerdörfer

22 Mindera, Benediktbeuern, S. 3

23 Bauer, Als die Pest hauste. Lech-Isar-Land, 1938, S. 189, und Bergsteiner, Starnberg und Umgebung während des Dreißigjährigen Krieges. Lech-Isar-Land, 1964, S. 92 ff

24 Rid, Weilheim im Spanischen Erbfolgekrieg 1700–1715, nach den Aufzeichnungen Ignaz Deglers. Lech-Isar-Land, 1937, S. 82 ff

25 Baader, Chronik des Marktes Mittenwald, S. 266

26 Roth, Der Jägeradam von Iffeldorf. Lech-Isar-Land, 1937, S. 109 ff

27 Haushofer, Die Geschichte vom Franzosensteig, Lech-Isar-Land, 1937, S. 249 ff

28 Stubenrauch, Die Tiroler im Oberland, Lech-Isar-Land, 1937, S. 246 ff. und 276 ff

29 Rückert, Das ehemalige Landgericht Weilheim. Lech-Isar-Land, 1935, S. 55 ff und Schult-heiß, Die territoriale Entwicklung des Pfaffenwinkels. Lech-Isar-Land, 1934, S. 117 ff

30 Deininger, Der Volksdichter Hanns Hesseloher. Lech-Isar-Land, 1968, S. 126 ff

31 Vergl.: Heichele, Karfreitagsprozessionen in Altbayern, in: Der Heimatspiegel, Beilage zum Trostberger Tagblatt 1966, Nr. 2

32 Anna Selbdritt der Familie Tänzl, Innsbruck 1504, im Tiroler Landesmuseum Ferdinan-deum, Innsbruck

33 Im Stadtarchiv Weilheim

34 Vergl. Weißkunig, Krönung Philipps des Schönen zum König von Kastilien 1504. Die Edel-leute tragen hohe Hüte mit aufgebogener, kleiner Krempe

35 Köhler V, S. 71

36 Vergl. Zaborsky – Wahlstätten, Die Tracht im Bayerischen und Böhmerwald, S. 27

37 Vergl. Votivbild Adam Schöttel, im Heuwinkel

38 Maußer, in: Das Bayerland, Jg. 38, No. 19, S. 597
Ein Hausname in Pähl war: Schleierweber. Vgl. Lindhuber, Die Hausnamen von Pähl. Lech-Isar-Land, 1938, S. 250

39 Vergl. Tiroler Heimatblätter, Heft 4, 1932, S. 131, Abb. C und Tschurtschentaler, Die Braut-trachten jenseits des Brenners, 1932, Heft 10, S. 343 ff

40 Baader, Chronik des Marktes Mittenwald, S. 249

41 Wien, Österreichische Galerie, Inv. Nr. 4890

42 Innsbruck, Stift Wilten, Gemäldesammlung

43 Auch auf einem Ölbild »Der Schwazer Erbstollen« 1560, Montanwerke Brixlegg

44 Frdl. Mitteilung von Frau Hedwig Schedler-Simmet

45 Hazzi II, 92

46 Hazzi II, 97

47 Im Besitz von Herrn Alfred Zwink, dem ich diese Mitteilungen verdanke

48 Vergl. Heinzmann: Bauer aus Eschenlohe mit dem großen Tiroler Hut und gefütterter Krempe

49 Baader, Chronik von Mittenwald, S. 266

50 Vergl. Rock, Werdenfelser Land in früherer Zeit, S. 169 ff

51 Vergl. Fresko neben der Kirchentüre in Matrei (Brenner) mit einem Jäger in kurzer Hose aus dem 15. Jahrhundert

52 Ich verdanke diese Auskünfte Herrn Bernhart Roth, dem Leiter des Werdenfelser Museums

53 Lentner, Die Tracht im oberen Loisachtal um 1850, Lech-Isar-Land, 1933, S. 17–20

54 Soll wohl rot heißen

54 Otterhauben werden noch heute bei Stempfle in Garmisch-Partenkirchen und bei Hebeisen in Mittenwald hergestellt

54a Tschurtschentaler, Die Brauttracht jenseits des Brenners, in: Tiroler Heimatblätter 1932, Heft 10, S. 343 ff

55 Goethe, Italienische Reise, 1. Teil, Cotta 1902, S. 17

56 Alexander v. Müller: Aus Gärten der Vergangenheit, S. 71. Wahrscheinlich meint er die Pischlwirtin

[57] Für die opfervolle Mitarbeit danke ich Frau Margarete Berger und Herrn Bernhart Roth, Partenkirchen

[58] Anton Simon, bürgerlicher Händler, auch Zitronenhändler
Bernhard Simon, 1812–1880
Bernhard Simon, 1854–1929
Anton Simon, 1882–1958

[59] Ohrring

[60] Frdl. Mitteilung von Herrn Hans Mühlpointner, Peißenberg

Literatur

Asam, Wilhelm: Ein Sommer im Stahlbade am Staffelsee, illustriert von Hermann Neuber, Murnau 1897

Baader, J.: Chronik des Marktes Mittenwald. Mittenwald 1936

Bauer, J.: Als die Pest hauste; in: Lech-Isar-Land 1938, S. 189

Ders.: Die Leut werden zu viel, es muß Krieg kommen; in: Lech-Isar-Land 1938, S. 181

Bavaria, Landes- und Volkskunde des Königreichs Bayern, München 1860—67 zit. (Bavaria)

Bergsteiner, Franz: Starnberg und Umgebung während des Dreißigjährigen Krieges; in: Lech-Isar-Land 1964, S. 92 ff

Daisenberger, Joseph: Geschichte des Dorfes Oberammergau. Oberbayerisches Archiv, Bd. 20

Deininger, Wilhelm: Der Volksdichter Hanns Hesseloher; in: Lech-Isar-Land 1968, S. 126 ff

Diemer, Hermine: Oberammergau und sein Passionsspiel. München-Oberammergau 1900

Fischer, Hermann: Schwäbisches Wörterbuch. Tübingen 1924 (Fischer)

Gailler, Franz Xaver: Vindeliciae Sacrae Tomi III, qui est Bavaria Sectio X Capitulum Weilheimense. Augsburg 1756 (Gailler)

Gebhard, Torsten: Zur Frage der frühen dörflichen Siedlungen in Bayern; in: Aus Bayerns Frühzeit, Schriftenreihe zur bayerischen Landesgeschichte, Bd. 62 1962

Gebhart, Hansjakob: Staffelsee-Chronik. Murnau 1931

Goethe, Johann Wolfgang v.: Sämtliche Werke. Jubiläumsausgabe, Bd. 26: Italienische Reise, 1. Teil, Cotta 1902

Grimm, Jacob und Wilhelm: Deutsches Wörterbuch. Leipzig 1905 (Grimm)

Gröber, Karl: Alte Oberammergauer Hauskunst. Augsburg 1930

Dußler, Hildebrand: Eine Reise durch das Lech-Isarland 1628; in: Lech-Isar-Land 1962, S. 58

Ders.: Eine Reise der Königin Christine von Schweden durch das Lech-Isarland im Spätherbst 1655; in: Lech-Isar-Land 1962, S. 58

Hager, Georg: Bautätigkeit und Kunstpflege im Kloster Wessobrunn; in: Oberbayerisches Archiv, Bd. 18, S. 195 ff

Haushofer, Heinz: Die Geschichte vom Franzosensteig; in: Lech-Isar-Land 1937, S. 249 ff

Hazzi, Josef: Statistische Aufschlüsse über das Herzogtum Baiern. Nürnberg 1801–1806 (Hazzi)

Heichele, Otto: Karfreitagsprozessionen in Altbayern; in: Der Heimatspiegel, Beilage zum Trostberger Tagblatt 1966, Nr. 2

Heller, Barbara: Händler auf der St. Sebastiani- und der Osterdult zu Ebersberg 1691/92 und 1724–1731; in: Bayerisches Jahrbuch für Volkskunde 1968, S. 85–102

Hofmann, Sigfrid: Landschaftskunde des Lech-Ammergebietes. Weilheim 1932

Köhler, Bruno: Allgemeine Trachtenkunde, Reclams Univ. Bibl. Leipzig 1900–1902 (Köhler)

Kraut, A.: Römerstraßen im Lech- und Isarland; in: Lech-Isar-Land 1963, S. 44

Lentner, Joseph Friedrich: Handschrift in der Bayerischen Staatsbibliothek München, cod. germ. 5418/19

Lindhuber, Die Hausnamen von Pähl; in: Lech-Isar-Land 1938, S. 250

Lipowsky, Felix Joseph: Sammlung Bayerischer National Costüme, München 1822

Lugauer, Franz Xaver: Floßkanal im Benediktbeurer Moos; in: Lech-Isar-Land 1935, S. 4 ff

Mindera, Karl: Benediktbeuern, Kulturland und Kirchen. München 1965

Maußer, Otto: Das religiöse Volksleben Altbayerns im späteren 17. Jahrhundert; in: Das Bayerland, Jg. 38, Nr. 19, 1. Oktoberheft 1927, S. 596 ff

Mauthe, Willi: Weilheimer Bildhauerlehrlinge vom 16.–18. Jahrhundert; in: Lech-Isar-Land 1967, S. 54

Medizinisch - topographische - ethnographische Beschreibung der Physikatsbezirke Bayerns, auf Grund der Entschließung vom 21. April 1858. Um 1860. Bayerische Staatsbibliothek München, Handschriftenabteilung.

Prechtel, Johann Baptist: Chronik der Grafschaft Werdenfels; Augsburg 1850

Rid, H.: Weilheim im Spanischen Erbfolgekrieg 1700–1715, nach den Aufzeichnungen Ignaz Deglers; in: Lech-Isar-Land 1937, S. 82 ff

Ritz, Gislind: Die volkskundliche und kulturhistorische Aussage der Ebersberger Händlerlisten; in: Bayerisches Jahrbuch für Volkskunde 1968, S. 103–121

Rock, Eduard: Werdenfelser Land in früherer Zeit. Partenkirchen 1951

Roth, Adolf: Der Jägeradam von Iffeldorf; in: Lech-Isar-Land 1937, S. 109 ff

Rückert, Georg: Das ehemalige Landgericht Weilheim; in: Lech-Isar-Land 1935, S. 55 ff

Schweizer, Bruno: Geschichte der Kleinzinngießerei in Diessen a. Ammersee; Diessen 1930

Schmeller, J. Andreas: Bayerisches Wörterbuch, 2. Aufl., hrsg. von Karl Frommann, München 1872–1877 (Schmeller)

Schrank, Franz v. Paula: Reise nach den südlichen Gebirgen von Baiern im Jahre 1788. München 1793 (Schrank)

Schultheiß, Werner: Die territoriale Entwicklung des Pfaffenwinkels; in: Lech-Isar-
Land 1934, S. 117 ff

Stubenrauch, Hans: Die Tiroler im Oberland; in: Lech-Isar-Land 1937, S. 264 ff und
276 ff

Tschurtschentaler, P.: Die Brauttrachten jenseits des Brenners; in: Tiroler Heimatblätter
1932, Heft 10, S. 343 ff

Wallmenich, Karl v.: Der Oberländer Aufstand 1705 und die Sendlinger Schlacht;
München 1906

Der Weißkunig, Österreichische Nationalbibliothek, Cod. 3032

Zaborsky, Wahlstätten, Oskar v.: Die Trachten im Bayerischen und Böhmerwald;
München 1958

Zedler, Johann Heinrich: Großes vollständiges Universallexikon aller Wissenschaften
und Künste . . ., Leipzig 1735 (Zedler)

Benützte Archivalien

München, Staatsarchiv für Oberbayern, Briefprotokolle Tölz 644—47
  Briefprotokolle Weilheim 503
Weilheim, Stadtarchiv, Briefprotokolle von 1650—1724

Geschäftsbücher der Familie Simon, Partenkirchen 1835—46 und 1870—1886
Geschäftsbuch des Kaufmanns Vötterl in Weilheim 1777—1783
(Privatbesitz)

Bildnachweis

Bayerische Staatsgemäldesammlungen München 3; Albrecht Gierl, München 45;
Staatliche Graphische Sammlung München 35; Gustl Tögel, München 4; Anton H.
Konrad, Weißenhorn 2. Alle übrigen Aufnahmen von Sowieja, Bayerisches Landesamt
für Denkmalpflege München.

Berichtigung

Die Abbildungen 33, 36, 37 wurden nach Blättern von *Ludwig* Neureuther wiedergegeben (nicht nach Originalen von Eugen Napoleon Neureuther).

Gewährsleute

Therese Bauer-Peißenberg, Nachlaß
Margarethe Berger, Partenkirchen
Hanna Engstler, Mittenwald
Lorenz Heringer, Weilheim
Margrita Jablonka, Oberammergau
Alois Maderspacher, Partenkirchen
Willi Mauthe, Weilheim
Michael Mayr, Großweil
Johann Mühlpointner, Unterpeißenberg
Bernhart Roth, Partenkirchen
Viktoria Rutz, Oberammergau
Hedwig Schedler-Simmet, Murnau
Karl Schmotz, Weilheim
Alfred Zwink, Oberammergau

und viele Bauern und Bäuerinnen, denen herzlich gedankt sei.

Besonderen Dank schulde ich Herrn Generalkonservator Prof. Dr. T. Gebhard für die Unterstützung, die mir durch das Bayerische Landesamt für Denkmalpflege und das Institut für Volkskunde zuteil geworden ist; Herrn Kreisheimatpfleger Willi Mauthe, Weilheim; Frau Hedwig Schedler-Simmet, Murnau; Herrn P. Karl Mindera, Benediktbeuern; Frau Margarete Berger und Herrn Bernhart Roth, Garmisch-Partenkirchen. Die Photos wurden vom Landesamt für Denkmalpflege durch Herrn Sowieja hergestellt, die Aufnahme der Pollinger Karfreitagsprozession verdanke ich Herrn Gustl Tögel, München. Insbesondere danke ich den Landräten Herrn Dr. Bauer, Weilheim, und Herrn Dr. Nau, sowie Herrn Sparkassendirektor Höcherl, beide in Garmisch-Partenkirchen, für ihre tatkräftige Hilfe, die den Druck ermöglichte.